Reclams Städteführer Rom

W0311691

Reclams Städteführer · Architektur und Kunst

Rom

Von Christoph Höcker

Mit 17 Abbildungen, 11 Grundrissen und 4 Karten

Reclam

4., durchgesehene und aktualisierte Auflage

RECLAMS UNIVERSAL-BIBLIOTHEK Nr. 14024
2008, 2020 Philipp Reclam jun. Verlag GmbH,
Siemensstraße 32, 71254 Ditzingen
Umschlagabbildung: Blick über die Trajanssäule (links) auf den Quirinal. – © Imagebroker / Alamy Stock Foto
Innenklappe vorne: MAXXI (Museo Nazionale delle Arti del XXI Secolo; Architektin: Zaha Haddid; © mauritius images / Arcaid Images / Alamy)
Druck und Bindung: Kösel GmbH & Co. KG,
Am Buchweg 1, 87452 Altusried-Krugzell
Printed in Germany 2020
RECLAM, UNIVERSAL-BIBLIOTHEK und
RECLAMS UNIVERSAL-BIBLIOTHEK sind eingetragene Marken der Philipp Reclam jun. GmbH & Co. KG, Stuttgart
ISBN 978-3-15-014024-6
www.reclam.de

Inhalt

Anhang

Rom – ein Kurzporträt

Rom ist die sprichwörtliche ›Ewige Stadt‹, die Kulturstadt Europas schlechthin. Knapp 3000 Jahre Geschichte verdichten sich in einer atemberaubenden Vielzahl von Denkmälern: antike Bauten der Etrusker und Römer, frühchristliche Kirchen und Katakomben, die gewaltige Flut von Sakral- und Profanbauten aus Renaissance und Barock, schließlich die oft verkannten Baudenkmäler des Faschismus und der Nachkriegszeit. Dabei sind die Überlagerungen der Epochen aufgrund der kontinuierlichen Besiedlung vielerorts höchst komplex, so dass jede bauliche Veränderung zugleich zur Überformung von Altem geführt hat.

Entgegen der Legende ist Rom nicht auf sieben, sondern auf deutlich mehr Hügeln erbaut. Allerdings war es das Stadtgebiet auf den berühmten Hügeln Kapitol, Palatin, Esquilin, Aventin, Quirinal, Viminal und Caelius, das im frühen 4. Jh. v. Chr. vom Servianischen Mauerring umschlossen wurde. Die jenseits der Mauer gelegenen Hügel Monte Antenne, Janiculus, Pincius und Mons Vaticanus standen aber immer in soziokulturellem und ökonomischem Zusammenhang mit der Stadt, der Monte Mario ist mit 139 m die höchste Erhebung. Auch wenn das heutige Rom weit über die Grenzen der antiken Stadt hinausreicht, so ist das eigentliche Stadtzentrum relativ überschaubar und beschränkt sich auf den Siedlungskern innerhalb der Aurelianischen Stadtmauer des 3. Jh.s n. Chr. In diesem Zentrum gibt es Freiflächen, die in nachantiken Zeiten unbesiedelt blieben, wie das Forum Romanum und der angrenzende Palatin. Vor allem auch ist das Straßennetz von Bedeutung. Von Norden führte, über den Ponte Milvio, die Via Flaminia über das Marsfeld in die Stadt, von Westen die Via Aurelia, von Süden die Via Ostiense und die Via Appia, von Osten die Via Prenestina (heute Via Nomentana). Erhalten sind auch die Tiberbrücken, während sich in der Stadt selbst im Laufe der Jahrhunderte große Veränderungen ergaben.

Im frühen Mittelalter entsprach das verödete Rom einer Kleinstadt mit nur vier bewohnten Gebieten: einer Ansiedlung zwischen Vatikan und Engelsburg, Trastevere, dem Bereich um das Kapitol und dem des Lateran. Der große Rest des Stadtgebietes wurde landwirtschaftlich genutzt, wodurch der Unterschied zwischen antikem und modernem Bodenniveau umso schneller wuchs und das antike innerörtliche Straßennetz weitgehend verschwand. Die rapide Verstädterung, die mit der Rückkehr der Päpste aus dem Exil in Avignon im späten 14. Jh. einsetzte, umfasste überwiegend den nördlichen Teil der antiken Stadt, insbesondere den Bereich des Marsfeldes; die antiken Ruinenfelder (Forum Romanum, Kaiserfora und Palatin) lagen weiterhin brach. Dort, wo gesiedelt wurde, entstand ein verwinkeltes Wegenetz ohne übergeordnete Planung. Einige repräsentative Achsen kamen später hinzu: die Piazza del Popolo, die Neuanlage des Vatikans, und zu Zeiten Mussolinis die Via dei Fori Imperiali.

Mit der Erhebung zur Hauptstadt 1870 begann die Bevölkerung schnell zu wachsen: von 200 000 (1870) über 700 000 (1921) auf heute etwas unter 2,9 Millionen. Immer weitere Vorstädte (›Borgate‹) entstanden seit den 1930er Jahren. Darunter befinden sich besondere städtebauliche Akzente wie die EUR, aber auch unwirtliche Trabantenstädte, heute soziale Brennpunkte. Die moderne Stadt erstreckt sich über 1285 km^2. Das, was der Besucher als historisches Rom kennenlernt, ist mit etwa 140 km^2 Fläche nicht einmal ein Zehntel der Stadt, die heute einschließlich der umgebenden Siedlungen gut 5 Mio. Menschen beherbergt.

Geschichte. Althistoriker gehen davon aus, dass die Hälfte aller antiken Angaben zur römischen Frühgeschichte falsch ist, da sie im späten 1. Jh. v. Chr. unter Kaiser Augustus mit Hilfe von Historikern wie Livius und Dichtern wie Vergil als eine Art ›offizielle‹ Staats- und Stadtgeschichte idealisiert wurde. Hiernach kehrte die mythische Figur des vor Troja kämpfenden Helden Aeneas, Sohn der Göttin Aphrodite, nach Italien ›heim‹. Dadurch wurden die Römer als Nachfahren der als vorbildhaft empfundenen Griechen etabliert und Genealogien erzeugt, die aus den historischen Ahnen der großen Familien, wie der Julier, Verwandte der Götter und Heroen machten, was dem gegenwärtigen Tun der Nachfahren Legitimität und Autorität verschaffte.

Archäologische Funde belegen, dass einige der römischen Hügel seit Bronze- und Eisenzeit bewohnt waren; die ältesten Funde – aus dem 14. Jh. v. Chr. – stammen vom Kapitol, etwas jüngere vom Palatin. Der in das Jahr 753 v. Chr. gelegte Gründungsmythos mit den ausgesetzten, am Tiberufer von einer Wölfin großgezogenen Zwillingen Romulus und Remus ist Fiktion, diente den Römern aber als Nullpunkt ihrer Zeitrechnung: Datiert wurde *ab urbe condita* (»seit der Stadtgründung«). Die Ausformung des Pomeriums, der Grenze zwischen *urbs* (Stadt) und *ager* (Umland), durch das Ziehen eines Pfluges durch Romulus, war vielzitierte Legende.

In das späte 7. und das 6. Jh. v. Chr. datiert die römische Annalistik die negativ besetzte Königsherrschaft in Rom, das zu dieser Zeit eine dem Etruskerbund zugehörige Stadt war. Im 6. Jh. v. Chr. entstand auch der erste, der Servianische Mauerring, unter dem namengebenden mythischen König Servius. Die knapp 11 km lange Mauer aus Tuff verkleidete mit ca. 10 m Höhe die Stirnseite einer massiven Geländebarriere, der 15 m tiefe Mauergraben war 35 m breit.

Der Aufstieg Roms zur Weltmacht begann um 500 v. Chr. mit dem Abfall von diesem Städtebund, der mit dem Sturz des letzten Königs, Tarquinius Superbus, verbunden wird. Das nun unabhängige Gemeinwesen organisierte sich als Republik.

An der Spitze standen zwei jährlich neu zu wählende Konsuln mit zwölf Liktoren als Exekutivbeamten. Prätoren, Volks- und Militärtribune fungierten später als Amtsgehilfen. Der Senat, der sich aus ehemaligen Amtsinhabern rekrutierte, war das Verfassungs- und Verwaltungsgremium. Die ökonomische Grundlage der Stadt war die Landwirtschaft. Der begüterte Römer besaß ein Stadthaus (*domus*) und vor der Stadt eine *villa* mit Landwirtschaftsbetrieb, wo auch der Einsatz von Sklaven üblich war. Die Römer gelten als die Erfinder eines hochkomplexen Rechtssystems, wie das ›Zwölftafelgesetz‹ von 450 v. Chr. zeigt. Eine wichtige Folge aus diesem Selbstverständnis war, dass Rom mit seinen Anrainern nur in zwei Zuständen leben konnte: Entweder war der Nachbar mit Rom in einem juristischen, meist Rom stark begünstigenden Vertragswerk verbündet, oder er wurde erobert und dem eigenen System einverleibt. So wurden seit dem 4. Jh. v. Chr. große Gebiete Mittel- und Süditaliens annektiert, zuerst die Etruskerstadt Veji, später die Insel Sizilien sowie Teile Griechenlands, Kleinasiens, Nordafrikas, Norditaliens, Galliens, Germaniens und Ägypten. Auf diesem Weg zum Imperium Romanum gab es immer wieder Rückschläge, wie die Zerstörung Roms durch die Kelten (390 v. Chr.) und den Einfall Hannibals nach Italien im 2. Punischen Krieg mit der römischen Niederlage bei Cannae (216 v. Chr.). Doch Roms Aufstieg zur Weltmacht konnte hierdurch nicht aufgehalten werden. Die republikanische Verfassung war geeignet, einen Stadtstaat zu regieren, aber nicht unbedingt ein Weltreich. In der inneritalischen Phase der Eroberungen wurden im besetzten Gebiet Militärkolonien angelegt: Stadtneugründungen oder Umformungen annektierter Städte, in denen Veteranen eine Parzelle zum eigenen Gebrauch zugewiesen wurde. Für die Absicherung der Herrschaft sorgte v. a. ein gut ausgebautes Straßennetz, das schnelle Nachrichtenübermittlung und Truppenverlegungen ermöglichte.

Während das um die Mitte des 3. Jh.s v. Chr. eingeführte System der Provinzialverwaltung ein geeignetes Mittel der Organisation der außeritalischen Gebiete war, kam es im Innern zu Krisen und offenen Kriegen, zum einen um Bürgerrechtsfragen zwischen den aristokratischen Patriziern und den Plebejern, die Zugang zu Staatsämtern einforderten, zum anderen um die Frage, in welchem Umfang die Bewohner eroberter Gebiete und Bundesgenossen an der Macht teilhaben konnten. Im späten 2. Jh. v. Chr. kulminierte die Situation: Die Sozialgesetzgebung der Gracchen (133–121 v. Chr.) führte zu einem offenen Aufstand. Der Bundesgenossenkrieg (91–89 v. Chr.) erzwang für die italischen Bündner das Bürgerrecht, die Republik wurde zunehmend durch diktatorische Ambitionen Einzelner (Sulla, 82–79 v. Chr.; Caesar, 45–44 v. Chr.) in Frage gestellt. Die Ermordung Caesars (44 v. Chr.) führte zum Bürgerkrieg, und dessen Großneffe Octavian und Marc Anton wurden schließlich von Verbündeten zu Gegnern. Die Seeschlacht bei Actium entschied 31 v. Chr. den Kampf zugunsten Octavians. Er regierte kraft seiner *auctoritas* (machtmäßiger Fähigkeiten) und auf Basis zahlreicher vom Senat übertragener Befugnisse, sicherte die Grenzen, rief das ›Goldene Zeitalter‹ aus und wurde nun Augustus genannt.

Als diese individuelle Sonderstellung auf seinen Nachfolger Tiberius übertragen wurde, war die Republik durch ein monarchisches Staatskonzept ersetzt. Das republikanisch-aristokratische Ideal war von spärlichem privatem Luxus bestimmt, wohingegen im öffentlichen Bereich Pomp durchaus nicht verpönt war; schon frühe Tempelbauten waren reich verziert. Spätestens seit augusteischer Zeit wurde nun auch privater Wohlstand zur Schau gestellt. Eine enorme Bautätigkeit verwandelte Rom, so dass Augustus in seinem ›Tatenbericht‹ *Res gestae* vermerken konnte, er habe eine Stadt aus Backsteinen vorgefunden und eine aus Marmor hinterlassen. Die römische

Kaiserzeit der nachchristlichen Jahrhunderte bildet die Kulisse für Klischees wie ›Brot und Spiele‹ oder Orgien am Kaiserhof, doch die Bewertung einzelner Kaiser ist mit Vorsicht zu genießen, da es eine vom Senat geförderte Geschichtsschreibung gab. Kaiser, die eine gegen Senatsinteressen gerichtete Politik betrieben, wurden negativ dargestellt und oder gar aus der Geschichte gelöscht, alle ihre Bildnisse wurden zerstört (*damnatio memoriae* – Tilgung des Andenkens). So ist der Inbegriff des dekadent-despotischen Kaisers Nero (54–68) in Teilen unberechtigt: Tatsächlich betrieb er eine ausgesprochen volksnahe, sozial ausgerichtete Politik. In den ersten zwei Jahrhunderten der römischen Kaiserzeit war Rom glanzvoller Mittelpunkt des Reiches. Die erste Kaisergeneration (Tiberius, Caligula, Claudius und Nero) entstammte dem julisch-claudischen Herrscherhaus (14–68). Erste Thronwirren folgten auf den Tod Neros: Im Vierkaiserjahr 69 zog der Kommandant Vespasian, dessen Truppen ihn im Osten zum Kaiser proklamiert hatten, als Sieger nach Rom, um dort vom Senat anerkannt zu werden. Er entstammte wie seine Nachfolger Titus und Domitian dem flavischen Kaiserhaus (69–96). Besonders unter Domitian nahm das Kaisertum sakral verbrämte, absolutistische Züge an. In den letzten Jahrzehnten des 1. Jh.s entstanden in Rom wichtige Bauten wie das Kolosseum und die große Palastanlage auf dem Palatin. Mit Nerva, der ohne leiblichen Nachfolger blieb, begann die Phase der Adoptivkaiser (96–180), zu denen Trajan, Hadrian, Antoninus Pius und Marc Aurel zählen. Während dieses ›humanitär-aufgeklärten‹ Kaisertums, in der der jeweilige Regent einen Nachfolger auswählte und ihn zur Absicherung der Thronfolge adoptierte, wendete sich Roms Schicksal: Unter Trajan, der Dakien eroberte und als Provinz in das Reich eingliederte, erreichte das Imperium Romanum seine größte territoriale Ausdehnung; unter Marc Aurel, der gegen die Markomannen kämpfte, und seinem Sohn Commodus begann die lange Reihe römischer Abwehrschlachten gegen äußere Aggressoren und damit der Zerfall des Reiches. Mit Septimius Severus (193–211), der Statthalter in Pannonien war, endete die Reihe der aus Rom oder Italien abstammenden Kaiser. Sein Versuch, mit Hilfe seiner Söhne Geta und Caracalla eine Dynastie zu gründen, scheiterte.

Im 3. Jh. wurden etliche Kaiser aus dem Militär auf den Schild gehoben, oft mit Gegenkaisern als Rivalen (›Soldatenkaiser‹). Zwischen 235 und 284 regierten 30 Kaiser; die wenigsten von ihnen in Rom. Aufgrund einer Wirtschaftskrise wurde die städtische Oberschicht höher besteuert. Sie entzog sich durch Flucht auf das Land, wo sich riesige Villen mit landwirtschaftlichem Gutsbetrieb zu den neuen Repräsentationszentren entwickelten. Besonders prekär war die militärische Bedrohung der Reichsgrenzen; ganze Provinzen fielen vom Reich ab. Erstmals fiel ein Kaiser in einer Schlacht (Decius, 249) und geriet einer in Gefangenschaft (Valerian, 253); Rom war derart von äußeren Feinden bedroht, dass unter Aurelian eine Stadtmauer aus Ziegeln und diversen Spolien erbaut wurde (270er Jahre). Der knapp 19 km lange, 6 m hohe und 3,5 m starke Ring mit 18 Toren war durch 383 vorspringende Türme gesichert. Diokletian (284–305) begegnete den sozialen und administrativen Problemen des riesigen Reiches mit Reformen: Er führte das System der Viererherrschaft (Tetrarchie) ein, mit zwei Hauptkaisern (*Augusti* – Diokletian und Maximian) und zwei Nebenkaisern (*Caesares* – Constantius und Galerius). Das Imperium wurde in vier Zuständigkeitsbereiche mit Residenzen in Mailand, Trier, Nikomedia und Thessaloniki geteilt. Das System scheiterte jedoch nach Diokletians Abdankung. Unter Kaiser Konstantin (306–337) wurde durch das Edikt von Mailand (313) die Gleichberechtigung der Christen geschaffen und die Hauptstadt nach Byzanz, nun Konstantinopel, verlegt (330). Kaiser Honorius teilte das Reich in einen

West- und einen Ostteil (395); Rom blieb Provinzstadt mit nur noch knapp 30 000 Einwohnern; die Mauerhöhe wurde verdoppelt. Auf die Vandalenherrschaft in Nordafrika und die Gotenherrschaft in Italien sowie eine Trennung von Ost- und Westkirche folgte die Besetzung Roms durch Truppen des justinianischen Generals Narses, der Rom in das Byzantinische Reich eingliederte (552). 568 begann die zwei Jahrhunderte währende Langobardenherrschaft.

Im späten 8. Jh. holte Papst Stephan III. den Frankenkönig Pippin zu Hilfe, die Franken wurden zur neuen Schutzmacht Roms, die Stadt wendete sich von Byzanz ab. Dem Papst wurde in der ›Pippinischen Schenkung‹ (754) ein Territorium in Mittelitalien zugestanden; dieses bildete den Grundstein des Kirchenstaates, der sich in den folgenden Jahrhunderten weiter vergrößerte. Mit der Krönung von Pippins Sohn Karl d. Gr. 800 in der Peterskirche durch Papst Leo III. wurde die Übertragung des römischen Kaisertums auf die germanischen Franken vollzogen (*translatio imperii*). Dies war ein wesentlicher Gründungsakt für das ›Heilige Römische Reich Deutscher Nation‹. Doch bald kam es zu Konflikten zwischen Papst und Kaiser; ein Aufstand der stadtrömischen Bevölkerung gegen Kaiser Otto III. (1001) und mehrere Belagerungen der Stadt durch Truppen Heinrichs IV. (1081, 1084) waren die Folgen. Die Stadtrepublik Rom (1143–44) brachte einen erstarkten Stadtadel und den Bau zahlreicher Geschlechtertürme mit sich. Auf Druck der französischen Könige gingen die Päpste ins Exil in Avignon (1309–67), was eine Kirchenspaltung mit konkurrierenden Päpsten zur Folge hatte. Erst das Konzil von Konstanz (1417) beendete das ›Große Abendländische Schisma‹ mit der Wahl von Martin V. zum Papst, nun mit Residenz in Rom. Infolge von Konflikten der Adelsgeschlechter untereinander kam es 1347 zur Volkstribun-Herrschaft des Cola di Rienzo; er vertrieb den Adel (städtische Verfassung 1373); die Errichtung einer Republik nach antikem Vorbild scheiterte jedoch. Gegen 1420 zählte Rom kaum mehr als 20 000 Einwohner.

Unter Nikolaus V. (Papst 1447–55) und seinen Nachfolgern wurde Rom zur Hauptstadt des Kirchenstaates, der im 16. Jh. weite Teile Mittelitaliens einnahm, und erhielt als solche ein repräsentatives Äußeres. Von 1450 bis zum Ende des 17. Jh.s wurden Kirchen, Paläste, Villen und Gartenanlagen geschaffen, es wirkten Künstler und Architekten wie Bramante, Michelangelo, Raffael, Bernini, Borromini und Vignola. Die Plünderung Roms durch Truppen Kaiser Karls V. 1527 konnte das Anwachsen der Bevölkerung, trotz der politischen Randlage der Stadt, nicht stoppen. Als Zentrum der Gegenreformation im 16. Jh. ließen neue Orden wie die Jesuiten auch hier Ketzer hinrichten. Die Welt des konservativ-päpstlichen Katholizismus fand ihre facettenreichste Ausformung in den Gemälden des Barock, die im späten 16. und im 17. Jh. Einzug in die römischen Kirchen hielten. Im 18. Jh. versank Rom in eine Art Dornröschenschlaf. Man beschäftigte sich mit den musealen Aspekten der Stadt und ihren antiken Relikten, die mit wachsender Akribie ausgegraben und dokumentiert wurden. Prägend für das Image Roms jener Jahrzehnte waren die ›Vedute di Roma‹, eine große Sammlung von Rom-Ansichten, die Giambattista Piranesi (1720–1778) herstellte und vertrieb: Sie zeigen Bauten und Szenen einer mystisch verklärten Stadt, mit überwachsener Antike und ländlicher Idylle. In dieser Zeit entstanden die römischen Museen mit ihren immer umfangreicher werdenden Beständen auf dem Kapitol und im Vatikan. Ein Rombesuch gehörte schon seit dem 17. Jh. zur ›Grand Tour‹ des englischen Adels, der großen Reise in den Süden, die im späteren 18. Jh. entweder in Neapel endete oder nach Griechenland und Kleinasien weiterführte. Rom wurde zum Magneten für europäische Künstler und Literaten. Die Antike wurde studiert und in klassizistischer Manier umgesetzt. Fast alle Neuerungen der Kunst seit 1770 sind vor diesem Hintergrund in Rom entstanden; hier wirkten Sergel, Füssli, David, Canova, Flaxman, Thorvaldsen und andere. Goethes *Italienische Reise* gibt einen Einblick in die Erwartungshaltungen der Romreisenden und ihre landsmannschaftlichen Gruppenbildungen. In jenen Jahren hatte Rom etwa 150 000 Einwohner, mit etlichen dauerhaft hier wohnenden Gästen.

Aufklärung und Revolution machten auch vor Rom nicht halt. 1798 wurde die Stadt von Truppen Napoleons besetzt und die ›Römische Republik‹ ausgerufen. Papst Pius VI. wurde nach Frankreich entführt, ein höriger Nachfolger (Pius VII.) eingesetzt, der Kirchenstaat aufgehoben. 1809 errichtete Napoleon das ›Königreich Rom‹, dessen König sein Sohn Napoleon II. wurde. Kunstwerke wurden aus Museen nach Paris fortgeschafft, meist nach 1815 rücküberführt, doch ein Teil verblieb und wurde zu einem Grundstein der Sammlungen des Louvre. In die napoleonische Zeit fielen wichtige Neuerungen für die Stadt, wie ein modernes Verwaltungssystem; erste systematische archäologische Ausgrabungen wurden initiiert, wie 1802–04 in Ostia, der antiken Hafenstadt Roms. 1815 kehrte der Papst zurück in den nun wieder autonomen Kirchenstaat. An der in den ersten Jahrzehnten des 19. Jh.s in Europa aufblühenden Industrialisierung nahm Rom nicht teil; hier blieb es bei beinahe feudalen Strukturen. Im europäischen Revolutionsjahr 1848 erfasste der bürgerliche Aufruhr gegen die Kirche auch Italien, mit erheblichen Folgen. In Rom kam es zu einem Aufstand gegen Papst Pius IX., der nach Gaeta floh, und zur neuerlichen Ausrufung einer ›Römischen Republik‹. In Italien dominierte ›Il Risorgimento‹, eine Befreiungsbewegung unter Giuseppe Mazzini und Giuseppe Garibaldi. Dieser Bewegung schloss sich die ›Römische Republik‹ 1849 an; französische Truppen besetzten Rom jedoch und führten den Papst 1850 wieder zurück. 1860 kam es zur Vereinigung Italiens zu einem

Königreich unter Vittorio Emanuele II., dem sich jedoch der Kirchenstaat verweigerte. Als 1870 die französische Schutztruppe wegen des Deutsch-Französischen Krieges aus dem Kirchenstaat abgezogen wurde, kapitulierte der Papst, zog sich in den Vatikan zurück und überließ Rom den einmarschierenden Truppen des Königs. Rom wurde zur Hauptstadt des Königreichs erhoben und der Kirchenstaat aufgelöst. Die Stadt erlebte nun ein rapides Bevölkerungswachstum: Zwischen 1881 und 1901 verdoppelte sich die Bevölkerung auf 420 000. Die Umgestaltung der Stadt mit Schaffung von Wohnraum, Verwaltungs- und Regierungsbauten war die große Aufgabe jener Jahre. Im 19. Jh. kam es auf dem Forum Romanum zu zwei methodisch und technisch unausgereiften und daher verunklärenden Grabungskampagnen (1839–42 und 1871–1905).

Einschneidende Veränderungen erfuhren das Königreich Italien und seine Hauptstadt Rom durch das Erstarken Benito Mussolinis. Mit dem ›Marsch auf Rom‹ 1922 erzwang die an sozialen Missständen verzweifelte Bevölkerung Mussolinis Ernennung zum Ministerpräsidenten und leitete eine 22-jährige Ära des Faschismus ein, in der man es verstand, den alten Eliten ihren Besitzstand zu lassen und das aufstrebende Kleinbürgertum an Staat und Wirtschaft zu beteiligen. Das Stadtbild wurde erheblich verändert durch große Infrastrukturprojekte und den Neubau ganzer Vorstädte für die wachsende Bevölkerung. Mit dem Abschluss der Lateranverträge 1929 wurde die ›Vatikanische Frage‹ nach 60-jähriger Unklarheit gelöst. Der Vatikanstaat mit Exklaven wurde definiert, und dem Papst wurde auf diesem gegenüber dem ehemaligen Kirchenstaat sehr kleinen Gebiet politische Unabhängigkeit zugesichert. Im Zweiten Weltkrieg wurde Rom nach dem Putsch gegen Mussolini 1943 von Truppen der Deutschen Wehrmacht besetzt, die zum Garanten der ›Republik von Salò‹ wurden, welche Mussolini als Regierungschef führte. Mit dem Nahen der Alliierten zog sich die Wehrmacht 1944 aus Rom zurück. Am 2. Juni 1946 wurde nach einem Volksentscheid die Italienische Republik ausgerufen; König Vittorio Emanuele III. dankte ab und verließ mit seinem Sohn Umberto II. Italien. Rom wurde zur Hauptstadt der Republik Italien mit ihren oftmals kurzlebigen Regierungen. Die Stadt stand vor immer erdrückenderen Infrastrukturproblemen. 2016 wurde Virginia Raggi von der Cinque-Stelle-Bewegung Bürgermeisterin. Sabotagen der Verwaltung gegen ihre Amtsführung war u. a. ein ›Dienst nach Vorschrift‹ der Müllabfuhr, was Rom an den Rand des Chaos führte.

Wirtschaft und Verkehr. In der Antike war Rom das Importzentrum, in das alle Warenströme des Mittelmeerraumes flossen. Diese Stellung büßte es bereits mit der Verlagerung der Hauptstadtfunktionen nach Konstantinopel im 4. Jh. ein. Die Industrialisierung des 19. Jh.s hat sich in Rom kaum niedergeschlagen. Im 20. Jh. haben lediglich die Filmindustrie in Cinecittà und die Modebranche dafür gesorgt, dass Rom international im Gespräch war. Kein einziges italienisches Industrieprodukt von Weltrang wird in Rom erzeugt. Im Süden und Südwesten der Stadt haben sich in den vergangenen Jahrzehnten einige Betriebe der Elektro- und Telekommunikationsindustrie angesiedelt, seit einigen Jahren gibt es eine zunehmend florierende EDV-Industrie und eine wachsende Zahl von Pharmafabriken, doch insgesamt ist der Mangel an Industrie erstaunlich. In der Verwaltung finden sich die meisten Arbeitsplätze der Stadt: in den oft chronisch überbesetzten Abteilungen der Staatsverwaltung, den Ministerien und der Regional- und Provinzialverwaltung. Rom ist hier gleich dreifach Zentrum: des Staates Italien, der Region Latium und der Provinz Rom. Um diese Staatsbürokratie haben sich spezielle Dienstleister und produzierendes Gewerbe angesiedelt; die erhebliche Zahl der mittelständischen Druckereien etwa bietet eine große Anzahl von Arbeitsplätzen. Eine weitere hohe Zahl an Arbeitsplätzen gehört zum produktiven tertiären Sektor der Volkswirtschaft. Handel und Gewerbe, Dienstleistungen aller Art, Banken und Versicherungen sind in Rom allgegenwärtig, doch international spielt die Stadt auch hier in der zweiten Liga. Im Allgemeinen dominieren Klein- und Familienbetriebe den Dienstleistungssektor in sehr viel höherem Maße, als dies in anderen europäischen Hauptstädten der Fall ist. In der sehr produktiven Modebranche konkurriert Rom mit Paris, London und Mailand; die beiden großen Alta-Moda-Schauen im Frühjahr und Herbst erinnern immer wieder daran, dass mit Valentino, Gucci, Fendi, Battistoni, Trussardi und Pucci Repräsentanten der Haute Couture ihren Sitz in oder nahe der Via Condotti in Rom haben. Ein bedeutender Wirtschaftsfaktor ist der Tourismus. Über 6 Mio. Touristen besuchen Rom pro Jahr, hinzu kommen unzählige Pilger. Es gibt über 900 Hotels, dazu zahlreiche Privatzimmer und kirchliche Herbergen sowie um die 3500 Restaurants; die jährlichen Gesamteinnahmen aus dem Touristikgewerbe werden mit etwa 4 Mrd. Euro veranschlagt.

Alle Wege führen nach Rom. Dieses aus dem Altertum stammende geflügelte Wort beschreibt Roms besondere Stellung im Verkehr. Von Rom ausgehend zogen sich die Trassen der Fernstraßen sternförmig bis in entfernteste Gebiete. Heute ist Rom nicht mehr der Mittelpunkt der Welt, und so liegt die Stadt in gewisser Weise abseits, weit südlich der europäischen Zentren, was die wirtschaftliche Dominanz der norditalienischen Boomregionen weiter zementiert. Die modernen Fernstraßen folgen überwiegend den antiken Trassen nach Rom, wo sie dann oft im Verkehrschaos des engen Autobahnrings endeten. Erst seit 1984 sorgt die ›Autostrada del Sole‹ dafür, dass der nach Süden Reisende Rom umfahren kann. War in der Antike in Ostia an der Tibermündung eine der wichtigsten zivilen Hafenanlagen des Imperium Romanum in Betrieb, so ist Rom heute vom Seeverkehr abgeschnitten. Der heute Mittelitalien versorgende Hafen ist der von Civitavecchia, knapp 90 km nördlich von Rom. Der in den 1980er Jahren erbaute Aeroporto Leonardo da Vinci in Fiumicino ist mit 30 Mio. Passagieren jährlich der meistfrequentierte Flughafen Italiens. Die Stazione Termini ist das Zentrum des italienischen Eisenbahnverkehrs. Hier treffen alle Bahnlinien aus dem Süden, Osten und Norden zusammen; mit einem speziellen Schnellbahnnetz ist Rom im Stundentakt mit Neapel im Süden und Mailand und Florenz im Norden verbunden. Das Chaos des Autoverkehrs wurde durch die Anlage von verkehrsberuhigten Zonen und separaten Bus-Trassen etwas eingedämmt. Die einst zahlreichen Straßenbahnlinien sind, bis auf die touristisch attraktive ›Circolare‹ und weitere sieben Linien, durch 300 Buslinien ersetzt, deren Linienführungen oft geändert werden. Die zwei unterirdischen Metrolinien A und B entlasten den Verkehr und schaffen eine gute Verbindung zum Flughafen. Die vollautomatische Metrolinie C wurde bis 2016 mit 21 Stationen auf fast 19 km erweitert.

Kultur und Bildung. Die Kulturstadt Rom präsentiert sich dem Besucher seltsam widersprüchlich. Einerseits ist sie ein Freilichtmuseum für Antike, Renaissance und Barock; die Museen keiner anderen Stadt können sich, was die einzigartige Prominenz der Objekte betrifft, mit Rom vergleichen. Diese Seiten Roms vollständig zu entdecken dauert Wochen. Andererseits ist das aktuelle Kulturleben den Römern eher egal und immer wieder Streitpunkt in Politik und Verwaltung, obwohl die über 40 Theaterbühnen, unter denen das ehrwürdige Teatro Argentina ebenso zu finden ist wie kleine Experimentierbühnen, Rom zumindest im Bereich des Avantgardetheaters ein gewisses Renommee geben. Zwar hat Rom über 170 gut frequentierte Kinos, doch denkt der Cineast weniger an die unter Mussolini 1937 erbaute Filmstadt Cinecittà mit ihrer besonders in den 1950er und 1960er Jahren hochproduktiven und in den 1970er Jahren auch hochinnovativen Geschichte (Visconti, Fellini u. a.), sondern eher an die Biennale in Venedig. Dabei produzierten die römischen Filmstudios weitaus mehr als nur italienische Filme; hier entstanden fast alle großen, in der Antike spielenden ›Hollywoodfilme‹ wie *Quo Vadis*, *Ben Hur* und *Cleopatra*. Heute werden hier überwiegend Werbespots und TV-Serien gedreht. Ob das seit 2006 veranstaltete internationale Filmfestival (RIFF) für die Biennale Konkurrenz sein und Rom wieder zum cineastischen Mittelpunkt Italiens machen kann, wird sich zeigen. Das 2002 im Norden eröffnete ›Auditorium‹ (Renzo Piano) hat ein Defizit im römischen Kulturleben allerdings nachhaltig behoben. Die drei kunstvoll ineinandergeschachtelten Konzerthallen haben Musikaufführungen aller Art ein technisch hervorragend ausgestattetes Zentrum gegeben. Auch die sommerlichen Opernaufführungen auf dem Gelände der Villa Borghese genießen einen guten Ruf.

Erstrangig in Rom ist der Sektor der Bildung und Wissenschaft. Die altehrwürdige Sapienza (Università degli Studi di Roma) hat elf Fakultäten; zudem gibt es noch 41 andere staatliche, private und kirchliche Universitäten sowie zahlreiche wissenschaftliche Institute anderer Länder – aus deutscher Sicht neben dem Goethe-Institut das Deutsche Archäologische Institut, die Bibliotheca Hertziana (Max-Planck-Institut für Kunstgeschichte) und die Accademia Tedesca in der Villa Massimo (für deutsche Stipendiaten der Bildenden Kunst, Architektur, Literatur und Musik). Nirgendwo lassen sich Archäologie und Kunstgeschichte besser studieren als in Rom. Hervorragend ist auch die Ausstattung mit Bibliotheken. Die Vatikanische Bibliothek umfasst rund 1 Mio., die Nationalbibliothek gut 4 Mio. Bände. Darüber hinaus sind die Spezialbibliotheken der ausländischen Kulturinstitute und der berühmten Akademien (Accademia Nazionale dei Lincei, Accademia Nazionale di San Luca) zu nennen, sowie die Biblioteca Italiana per i Ciechi (Bücher in Blindenschrift).

Die gegenwärtige Kunstszene sucht indessen Anschluss an den Glanz vergangener Generationen. Im 20. Jh. wurde hier der Futurismus geboren und im Gegenzug der die abstakte Moderne ablehnende Künstlerkreis Valori Plastici gegründet (Giorgio di Chirico). Die ›Scuola Romana‹ versuchte ab den 1930er Jahren den Expressionismus mit römischer Barocktradition zu verbinden. Unter den Nachkriegsimpulsen ist besonders die 1947 gegründete Künstlergruppe ›Forma I‹ zu erwähnen, ein ›Verteidigungsbündnis‹ für die abstrakte Kunst (Emilio Vedova, Lucio Fontana). In den 1970er Jahren war Rom das Zentrum der ›Arte Povera‹, einer Bewegung von Bildenden Künstlern aus Rom und Norditalien, deren Installationen aus alltäglichen Materialien (Erde, Glassplitter, Holz, Bindfäden etc.) bestehen. In dieser Tradition stehen auch international renommierte Künstler wie Joseph Beuys. Aktuelles Zentrum der zeitgenössischen Kunst ist das ›MACRO‹.

Stadtgeschichte in Daten

753 v. Chr.	mythische Gründung Roms; Ausgangspunkt der römischen Geschichtsschreibung
578 v. Chr.	Baubeginn Servianische Stadtmauer
510/509 v. Chr.	Ende der etruskischen ›Königsherrschaft‹; Einrichtung einer republikanischen Verfassung mit Konsuln und Senat; Bau eines ersten Tempels auf dem Kapitol
494–445 v. Chr.	Ausbau der republikanischen Staatsform; Zwölftafelgesetz (451/450 v. Chr.)
396 v. Chr.	Beginn der römischen Expansion in Italien
390 v. Chr.	Zerstörung Roms durch die Gallier
378 v. Chr.	Erweiterung der Stadtmauer auf 11 km Länge
343–341 v. Chr.	1. Samnitenkrieg
340–338 v. Chr.	Latinerkrieg; Eroberung Mittelitaliens
326–290 v. Chr.	2. und 3. Samnitenkrieg; Eroberung Süditaliens; Bau der Via Appia bis Capua (312/311 v. Chr.)
285–282 v. Chr.	Krieg gegen die Etrusker; Eroberung Etruriens
282–272 v. Chr.	Krieg gegen König Pyrrhus von Epirus (›Pyrrhussieg‹); Eroberung von Tarent
264–241 v. Chr.	1. Punischer Krieg
225–222 v. Chr.	Krieg gegen die Kelten in Norditalien
218–201 v. Chr.	2. Punischer Krieg; Hannibal in Italien; Niederlagen am Trasimenischen See und bei Cannae (217/216 v. Chr.)
212/211 v. Chr.	Belagerung von Syrakus; Einrichtung der ersten römischen Provinz (Sicilia)
171–168 v. Chr.	Krieg gegen Makedonien; Eroberung Griechenlands
149–146 v. Chr.	3. Punischer Krieg; Zerstörung Karthagos

146 v. Chr.	Eroberung und Zerstörung Korinths
133 v. Chr.	Das Königreich Pergamon wird an Rom vererbt. Einrichtung der Provinz Asia
133–121 v. Chr.	Agrargesetze der Gracchen; Aufstände
82/81 v. Chr.	Bürgerkrieg; Verfassungsreform durch Sulla
60 v. Chr.	1. Triumvirat (Crassus, Pompeius, Caesar)
58–51 v. Chr.	Eroberung Galliens; Ausgreifen nach Norden
49–30 v. Chr.	Bürgerkriege; Diktatur Caesars (ermordet 44 v. Chr.); Rachefeldzug Octavians
31 v. Chr.	Seeschlacht bei Actium; Sieg Octavians über Marc Anton
27 v. Chr.	Ehrentitel Augustus für Octavian; er wandelt die Republik sukzessive in eine Monarchie um.
27 v. Chr. – 68 n. Chr.	Julisch-claudisches Herrscherhaus (Augustus, Tiberius, Caligula, Claudius, Nero)
69	Vierkaiserjahr: Galba, Otho, Vitellius; Sieg und Inthronisation Vespasians
69–96	Flavisches Kaiserhaus (Vespasian, Titus, Domitian)
96–192	Adoptivkaisertum: Nerva, Trajan (größte Ausdehnung des Imperiums), Hadrian, Antoninus Pius, Marc Aurel (Defensivkriege gegen Markomannen; Beginn Reichskrise), Commodus
193–217	Vergeblicher Versuch des Septimius Severus (193–211), eine neue Kaiserdynastie zu gründen: Sein Sohn Caracalla wird 217 ermordet.
212–284	Soldatenkaiser; innere und äußere Krisen
217–222	Papst Calixtus I.
251	Kaiser Decius fällt in der Schlacht bei Abritus.
257/258	Papst Sixtus II. (oder Xystus)
259/260	Kaiser Valerian in persischer Gefangenschaft

284–305	Diokletian errichtet die Tetrarchie und sichert die Grenzen. Christenverfolgungen
306–337	Konstantin d. Gr.; 313: Edikt von Mailand (Religionsfreiheit für Christen); 330: Verlagerung der Hauptstadt nach Konstantinopel/Byzanz
337–352	Papst Julius I.
391	Unter Kaiser Theodosius werden alle heidnischen Kulte verboten, die Heiligtümer geschlossen.
395	Teilung in west- und oströmisches Reich; Hauptstadt Westroms ist Mailand, ab 402 Ravenna.
418–422	Papst Bonifatius I.
432–440	Papst Sixtus III. (oder Xystus)
455, 472	Plünderung Roms durch Vandalen
468–483	Papst Simplicius
476	Absetzung des Kaisers Romulus Augustulus; Inthronisation Odoakers als *Rex Italiae* durch germanische Truppen; Ende des weströmischen Reiches
484	1. Trennung von West- und Ostkirche (bis 519)
493–552	Herrschaft der Ostgoten in Italien
546	Eroberung Roms durch Totila
552	Italien wird oströmische Provinz; Herrschaft des Narses in Rom. Langobardenherrschaft in Italien; Rom bleibt oströmisches Dukat.
579–590	Papst Pelagius II.
590–604	Papst Gregor I. d. Gr.
608–615	Papst Bonifatius IV.
625–638	Papst Honorius I.
752–757	Papst Stephan II. (III.)
753/754	Stephan II. (III.) bittet Frankenkönig Pippin gegen Langobarden um Hilfe. ›Pippinische Schenkung‹; Beginn eines päpstlichen Kirchenstaates
757–767	Papst Paul I.

772–795	Papst Hadrian I.
773/774	Eroberung des Langobardenreiches durch Karl d. Gr.
795–816	Papst Leo III.
800	Krönung Karls d. Gr. zum Kaiser durch Papst Leo III. (in der Peterskirche)
817–824	Papst Paschalis I.
824–827	Papst Eugen II.
847–855	Papst Leo IV.
1000–86	Kaiser Otto III. beansprucht die päpstlichen Besitzungen (1000); 1001: Volksaufstand gegen den Kaiser; Konflikte zwischen Kaiser und Kirche (Investiturstreit); 1076: Kirchenbann gegen Heinrich IV.; 1077: Gang nach Canossa; 1081–84: Belagerung der Stadt durch Heinrich IV.; 1086: Kaiserkrönung Heinrichs in Rom durch den von ihm eingesetzten Gegenpapst Clemens III.
1073–85	Papst Gregor VII. (Hildebrand von Soana)
1099–1118	Papst Paschalis II. (Raniero di Bieda)
1130–43	Papst Innozenz II. (Gregorio Papareschi)
1143/44	Neue römische Verfassung stärkt Position von Adel und Bürgertum gegenüber der Kirche.
1144/45	Papst Lucius II. (Gerardo Caccianemici)
12./13. Jh.	Rivalisierende Adelssippen dominieren die Stadt; Bau zahlreicher Geschlechtertürme
1198–1216	Papst Innozenz III. (Lotario Graf von Segni)
1216–27	Papst Honorius III. (Cencio Savelli)
1243–54	Papst Innozenz IV. (Sinibaldo Fieschi)
1277–80	Papst Nikolaus III. (Giovanni Gaetano Orsini)
1303	Päpstliche Gründung der römischen Universität
1309–77	Päpste im Exil in Avignon
1347	Cola di Rienzo stärkt Bürgertum durch Gesetze.
1378–1417	›Großes Abendländisches Schisma‹ mit

	Gegenpäpsten; 1417 durch Konzil von Konstanz beendet
1447–55	Papst Nikolaus V. (Tommaso Parentucelli)
ab 1450	bauliche Neugestaltung Roms unter den Päpsten Nikolaus V., Sixtus III., Sixtus IV., Paul III., Sixtus V. und Alexander VII.; Tätigkeiten von Botticelli, Pinturicchio, Michelangelo, Bramante, Raffael u. a.
1464–71	Papst Paul II. (Pietro Barbo)
1471–84	Papst Sixtus IV. (Francesco della Rovere)
1503–13	Papst Julius II. (Giuliano della Rovere)
1513–21	Papst Leo X. (Giovanni de' Medici)
1523–34	Papst Clemens VII. (Giulio de' Medici)
1527	Sacco di Roma (Plünderung durch Truppen Karls V.)
1534–49	Papst Paul III. (Alessandro Farnese)
1540	Gegenreformation; Bestätigung des Jesuitenordens
1550–55	Papst Julius III. (Giovanni Maria Ciocchi del Monte)
1555–59	Papst Paul IV. (Gian Pietro Carafa)
1555	Einrichtung des jüdischen Ghettos beim Circus Flaminius durch Papst Paul IV.
1559–65	Papst Pius IV. (Giovanni Angelo Medici)
1572–85	Papst Gregor XIII. (Ugo Boncompagni)
1585–90	Papst Sixtus V. (Felice Peretti)
1605–21	Papst Paul V. (Camillo Borghese)
1623–44	Papst Urban VIII. (Maffeo Barberini)
1644–55	Papst Innozenz X. (Giovanni Battista Pamphili)
1655–67	Papst Alexander VII. (Fabio Chigi)
1700–21	Papst Clemens XI. (Giovanni Francesco Albani)
1730–40	Papst Clemens XII. (Lorenzo Corsini)
1740–58	Papst Benedikt XIV. (Prospero Lambertini)

1769–74	Papst Clemens XIV. (Giovanni Vincenzo Antonio [Lorenzo] Ganganelli)
1775–99	Papst Pius VI. (Giovanni Angelo Braschi)
1798	Besetzung Roms durch Napoleons Truppen; Proklamation der Römischen Republik
1800–23	Papst Pius VII. (Luigi Barnabà [Gregorio] Chiaramonti)
1809	Aufhebung des Kirchenstaates; Rom nun Teil des französischen Kaiserreiches; zahlreiche Reformen
1815	Restitution des Kirchenstaates (Wiener Kongress)
1831–46	Papst Gregor XVI. (Bartolomeo Alberto [Mauro] Cappellari)
1846–78	Papst Pius IX. (Giovanni Maria Mastai-Ferretti)
1848/49	Römische Republik; Vertreibung Pius' IX. (Rückkehr 1850)
1860	Weite Teile des Kirchenstaates fallen unter die Herrschaft des vereinigten Italiens.
1870	Eroberung Roms durch König Vittorio Emanuele II.; Ende des Kirchenstaates; der Papst geht im Vatikanischen Palast ins Exil. Rom wird Hauptstadt des Italienischen Königreiches (1871).
1922	Mussolinis Marsch auf Rom; Beginn der faschistischen Diktatur
1922–39	Papst Pius XI. (Achilli Ratti)
1929	Lateranverträge; Unabhängigkeit des Vatikans
1939–58	Papst Pius XII. (Eugenio Pacelli)
1944	Befreiung Roms durch Alliierte nach Rückzug der deutschen Truppen (4. Juni)
1946	Italien wird zur Republik; Rom bleibt Hauptstadt.
1960	Olympische Spiele in Rom
1963–78	Papst Paul VI. (Giovanni Battista Montini)

1978–2005	Papst Johannes Paul II. (Karol Józef Wojtyła)
1985	Konkordat: Neuregelung des Verhältnisses zwischen Kirche und Staat; der römisch-katholische Glaube ist fortan nicht mehr Staatsreligion Italiens.
2000	›Giubileo 2000‹ (Heiliges Jahr); 25 Mio. Pilger
2005	Papst Benedikt XVI. (Joseph Ratzinger)
2007	Der Bürgermeister Roms Walter Veltroni wird zum Vorsitzenden der neuen Partito Democratico gewählt.
2008	Giovanni Alemanno (Parteigänger Silvio Berlusconis) wird Bürgermeister von Rom.
2011	Rücktritt des Kabinetts Berlusconi (Euro-Krise)
2013	Benedikt XVI. emeritiert aus dem Amt. Papst Franziskus I. (Jorge Mario Bergoglio) wird zu seinem Nachfolger gewählt.
2014	Erweiterung der Metrolinie (C)
ab 2016	Bürgermeisterin Virginia Raggi (Cinque-Stelle)
ab 2019	Rom kämpft gegen Probleme bei Denkmäler-erhaltung, Infrastruktur, Müllentsorgung und Wohnungsnot.

Kulturkalender

Januar

Weihnachtsmarkt auf der Piazza Navona: bis 6. Januar. **Epifania** (Dreikönigsfest): 6. Januar. **Festa di Sant' Antonio** (Segnung der Tiere): Mitte Januar, San Eusebio, Piazza Vittorio.

Februar

La Candelora (Mariä Lichtmess): 2. Februar, Santa Maria dell'Orto, Trastevere. **Karneval:** Februar–März, diverse Veranstaltungsorte.

März

Karneval: s. unter Februar. **Festa di Primavera** (Frühlingsfest): März–April, Spanische Treppe. **Segnung der Fahrzeuge** (Schutzheilige Santa Francesca): 9. März, Santa Francesca Romana, beim Kolosseum.

April

Festa di Primavera: s. unter März. **Settimana Santa** (Karwoche): Messe auf dem Petersplatz am Palmsamstag; die ganze Woche über Gottesdienste in allen Kirchen; am Karfreitagabend Papstmesse im Kolosseum. **Via Crucis** (Kreuzwegsprozession des Papstes vom Kolosseum zum Monte Palatino): Karfreitag, Beginn vor dem Kolosseum. **Pasqua** (Osterfest mit Segen des Papstes – ›Urbi et Orbi‹): Ostersonntag, Petersdom und Petersplatz. **Natale di Roma** (Roms Geburtstag): 21. April, Feuerwerke und Veranstaltungen im historischen Stadtkern.

Festa della Liberazione (Gedenkfeier zur Befreiung Italiens im Zweiten Weltkrieg durch die Alliierten): 25. April, am Mausoleum der Ardeatinischen Höhlen und am Grabmal des unbekannten Soldaten auf der Piazza Venezia.

Mai

Grande Mercato di Primavera (Großer Flohmarkt): Autodromo di Vallelunga. **Mostra dell'Antiquariato** (Antiquitätenmarkt): Via dei Coronari. **Fiera d'Arte di Via Margutta** (viertägiges Kunstfest): Ende Mai, Via Margutta. **Corpus Domini** (Fronleichnams-Prozessionen).

Juni

Estate Romana (Römischer Sommer, Musik- und Filmfestival): Juni–September, in Parks und Innenhöfen. **Expo Tevere** (Kunsthandwerksmesse): 15. Juni – 15. Juli, am Tiberufer. **San Giovanni:** 24. Juni, Fest im Lateran. **San Pietro e San Paolo** (gesetzlicher Feiertag zu Ehren der Schutzheiligen Roms): 29. Juni, Gottesdienst in der Basilika von San Paolo fuori le Mura.

Juli

Estate Romana: s. unter Juni. **Roma Alta Moda** (Haute-Couture-Modeschauen): Mitte Juli, Piazza di Spagna und diverse Luxushotels. **Festa di Noantri** (Märkte und Feuerwerke zu Ehren der Madonna del Carmine): 15. Juli, Trastevere.

August

Estate Romana: s. unter Juni. **Festa della Madonna delle Neve** (in S. Maria Maggiore): 5. August. **Festa di San Lorenzo** (Volksfest mit Feuerwerk zu Ehren des Hl. Laurentius): 10. August, Via Tiburtina. **Ferragosto** (Mariä Himmelfahrt): 15. August. **Festival Internazionale di Teatro Urbano** (Straßentheaterfestival): August–September, verschiedene Veranstaltungsorte im Stadtzentrum.

September

Estate Romana: s. unter Juni. **Festival Internazionale di Teatro Urbano:** s. unter August. **Roma-Europa Festival** (Kulturfestival mit Musik, Theater, Tanz): September – November, verschiedene Veranstaltungsorte. **Festival der sakralen Musik und Kunst:** September–November, in der ganzen Stadt.

Oktober

Roma-Europa Festival und **Festival der sakralen Musik und Kunst**: s. unter September. **Mostra dell'Antiquariato** (Antiquitätenmärkte): Via dei Coronari. **Festa di San Francesco** (Feierlichkeiten zu Ehren der Schutzheiligen Roms): 4. Oktober, überall in der Stadt, Gottesdienst in der Kirche Santa Maria in Aracoeli. **Fiera d'Arte di Via Margutta** (viertägiges Kunstfest): Mitte Oktober, Via Margutta. **Roma Jazz Festival:** Oktober–Dezember, verschiedene Veranstaltungsorte. **Festa del Cinema** (Filmfestival).

November

Roma-Europa Festival und **Festival der sakralen Musik und Kunst:** s. unter September.

Dezember

Roma Jazz Festival: s. unter Oktober. **Immacolata Concezione** (Papstmesse): 8. Dezember, Piazza di Spagna, Santa Maria Maggiore. **Weihnachtsmarkt**: 15. Dezember – 6. Januar, Piazza Navona. **Apertura della Porta Santa** (Öffnen der Heiligen Tür): 24. Dezember, Basilica di San Giovanni in Laterano. **Messa di Natale** (Weihnachtsmesse und Segen des Papstes): 25. Dezember, Petersdom. **Veglia di Preghiera** (Gebet und Nachtwache beim Übergang ins neue Jahr): 31. Dezember, Petersdom. **San Silvestro / Capo d'Anno** (Silvesterfeiern): 31. Dezember.

Einige Veranstaltungen variieren terminlich; die genauen Daten sollten für den jeweiligen Reisezeitraum überprüft werden.

Rundgänge

Rom in einem Tag

Rundgang (s. Karte auf hinterer Buchklappe): **Kolosseum** (S. 49) mit Konstantinsbogen (S. 48), **Palatin** (S. 45), **Forum Romanum** (S. 39), **Kaiserfora** (S. 52), Piazza Venezia, Kapitol (S. 36) und S. Maria in Aracoeli (S. 38), Crypta Balbi (S. 63), Tempel am Largo Argentina (S. 65), **Piazza Navona** (S. 78), Piazza Colonna (Marc-Aurel-Säule) (S. 84), Via Condotti mit **Spanischer Treppe** (S. 94), Augustusmausoleum und **Ara Pacis** (S. 88). Ggf. zusätzlich: **Pantheon** (S. 75), **Petersdom** (S. 132) u. a.

Rom in sieben Tagen

1. Tag: Forum Boarium (S. 59), Forum Holitorium (S. 58), Circus Maximus (S. 57), **Palatin** (S. 45), Konstantinsbogen (S. 48), S. Clemente (S. 111), **Kolosseum** (S. 49), **Forum Romanum** (S. 39), Kapitol (S. 36) (mit **Museum**), Kaiserfora (S. 52).

2. Tag: **Petersdom** (S. 132), Vatikanischer Palast mit Museen (S. 140), Engelsburg (S. 153), **Ara Pacis** und Augustusmausoleum (S. 88).

3. Tag: Palazzo Altemps (S. 82), **Piazza Navona** (S. 78), **Pantheon** (S. 75), Palazzo Doria Pamphili (S. 73), Palazzo Colonna (S. 84), Il Gesù (S. 65), Crypta Balbi (S. 63).

4. Tag: Palazzo Corsini mit Museum (S. 186), Trastevere mit S. Pietro in Montorio (S. 160), S. Maria in Trastevere (S. 159), S. Crisogono in Trastevere (S. 159), Tiberinsel (S. 155), S. Cecilia (S. 157).

5. Tag: Foro Italico (S. 180), Palazzetto dello Sport (S. 180), Auditorium (S. 179), **Villa Giulia** (S. 178), Villa Borghese mit Park (S. 178), Piazza del Popolo (S. 90), Villa Medici (S. 93), Piazza di Spagna (S. 94).

6. Tag: **Via Appia Antica** (S. 163) mit **Calixtus-Katakombe** (S. 163) und S. Sebastiano (S. 164), **EUR** (S. 169) mit Museen, S. Paolo fuori le Mura (S. 172), Museo Montemartini (S. 191).

7. Tag: S. Giovanni in Laterano (S. 113), S. Pietro in Vincoli (S. 109), S. Maria Maggiore (S. 105), Thermenmuseum mit Ablegern (S. 102), Palazzo Barberini mit Museum (S. 96), Fontana di Trevi (S. 86).

Das antike Stadtzentrum

In der Antike umfasste das Stadtzentrum die beiden zentralen Hügel Kapitol und Palatin und ihre Senken. Begrenzt wird das Areal im Norden von den Kaiserforen, im Süden vom Circus Maximus, nach Westen hin vom Forum Boarium und im Osten von Caelius und Esquilin. Hier finden sich antike Ruinen, von denen die meisten nicht überbaut wurden, aber auch kompliziert übereinandergeschichtete Architekturbefunde (Kapitol), moderne Ausgrabungssituationen (Forum Romanum, Kaiserfora) sowie renaissancezeitliche Gartenanlagen (Palatin). Das Forum Romanum wurde jahrhundertelang als Kuhweide genutzt: eine pittoreske, sumpfige Brache inmitten der mittelalterlichen Stadt; das angrenzende Kapitol hingegen war immer der Nabel Roms mit einer entsprechend repräsentativen baulichen Erscheinung.

Vom Kapitol über Forum Romanum und Palatin zum Kolosseum

Kapitol (I C6): Der kleinste der sieben Hügel Roms war aus religiöser Sicht bereits in frühester Antike von herausragender Bedeutung, denn hier erhoben sich bedeutende **Tempel** wie der für **Iuppiter Optimus Maximus** (›Kapitolstempel‹, fast vollständig verloren) und der für **Iuno Moneta** (Überreste unter S. Maria in Aracoeli). In der heutigen Gestalt des Kapitols begegnet dem Besucher die Antike nur noch in den inszeniert aufgestellten Statuen, der gesamte Bereich wurde intensiv umgeformt. Erschlossen wird der Hügel über eine breite, von Michelangelo konzipierte und 1581 von Giacomo della Porta vollendete **Freitreppe**, die zur trapezförmigen, kunstvoll als Oval ausgepflasterten **Piazza Campidoglio** führt. Repräsentativ sind verschiedene Statuen aufgestellt: am berühmtesten die beiden pferdeführenden Dioskuren am oberen Ende der Treppe und in der sternförmig markierten Platzmitte das zeitgenössische bronzene Reiterstandbild des römischen Kaisers Marc Aurel (reg. 161–180). Letzteres wurde 1538 von S. Giovanni in Laterano hierher versetzt, nachdem man erkannt hatte, dass nicht der ›Patron‹ des Christentums Kaiser Konstantin dargestellt war, sondern ein heidnischer Kaiser (seit 1997 Kopie; Original: Konservatorenpalast). Drei Baukomplexe des 15. und 16. Jh.s rahmen den Platz:

Die Freitreppe führt den Besucher auf den **Senatorenpalast**, der im 12. Jh. über dem antiken **Tabularium** (›Staatsarchiv‹) errichtet wurde. Vom Forum Romanum aus sind die Substruktionen dieses Baukomplexes mit der dorischen Halbsäulenfassade (um 80 v. Chr.) noch zu erkennen. Der heutige, dreigeschossige, zinnenbekrönte Bau geht im Kern auf das 13. Jh. zurück. Hier tagte die stadtrömische Volksvertretung, 50 Bürger aus Mittelschicht und Handwerk unter Vorsitz eines Aristokraten, ein übliches Modell selbstverwalteter italienischer Stadtstaaten. In der Zeit des päpstlichen Exils war hier das politische Zentrum Roms. Nach Rückkehr der Päpste hatten die Senatoren nur noch symbolische Funktion und der Regierungsbau wurde umgestaltet (1582–1605; Michelangelo, Giacomo della Porta, Girolamo Rainaldi, Martino Longhi). Wichtigste äußere Zeichen der Erneuerung sind die Fassade und das von Michelangelo gestaltete Portal. Herzstück ist die repräsentative Aula Consigliare als Tagungsort, damals der Senatoren, heute des Stadtrates.

Die Bauten im Norden und Süden der Piazza bilden formal und in ihrer Bestimmung eine Einheit: **Palazzo Nuovo** (im Norden) und **Palazzo dei Conservatori** (im Süden) sind heute prominente Museumsbauten (Musei Capitolini, S. 187). Der Konservatorenpalast entstand 1563–68 nach Plänen Michelangelos, die nach seinem Tod Guido Guidetti und Giacomo della Porta zu Ende führten. Die sechs Portale wurden nach denjenigen Handwerkergruppen benannt, deren Innungen dahinter Raum fanden: Apotheker, Tuchhändler, Metzger, Schreiner, Schlosser und Gastwirte. Sukzessive versammelten sich hier derart viele Funde aus der Antike, dass der Palast 1748 zum Museum umgebaut wurde. Der Palazzo Nuovo auf der gegenüberliegenden Seite wurde als ergänzender Gegenpart 1650 fertiggestellt und 1734 zum Museum für die Sammlungen des Kardinals Alessandro Albani umgestaltet. Die beiden Bauten beherbergen heute die Musei Capitolini, eine öffentliche Kunstsammlung des späten 15. Jh.s und damit die älteste ihrer Art, seit 1870 im Besitz des italienischen Staates.

Die über eine eigene, steile Freitreppe zugängliche Kirche **S. Maria in Aracoeli** geht auf das 7. Jh. zurück. Der heutige Bau entstand bis 1320 im gotisch-romanischen Stil der Bettelorden-Architektur, die Freitreppe (›Himmelsleiter‹) 1348. Das Ensemble ist Ergebnis der einzigen größeren Sakralbauaktivität in Rom während der Zeit der Exilpäpste (1309–77). Die Kirche wurde regelmäßig durch das Stadtparlament als Versammlungsort genutzt; die Ausstattung ist entsprechend repräsentativ. Im Innern sind die Grabdenkmäler für Carlo Barberini (Bernini, um 1635) und für Giovanni Crivelli (Donatello, 1432/33) sehenswert, ebenso die freskierte Cappella Bufalini im rechten Seitenschiff (Pinturicchio, um 1485).

Den nördlichen Abschluss des Kapitols bildet das **Nationaldenkmal für Vittorio Emanuele II.** (II C5/6, ›Schreibmaschine‹), ein riesiges, grell weißes Konglomerat von Bauten, Schaufassaden und Treppenanlagen (1885–1911). Integriert sind das **Grabmal des unbekannten Soldaten**, der **Altar des Vaterlandes** und das **Museo del Risorgimento** mit einer imposanten Darstellung der italienischen Einigungsbewegung im 19. Jh. Der umstrittene klassizistische Komplex kann in seiner Gesamtheit einen guten Eindruck vom Aussehen Roms in der Antike geben, das man sich in Grundzügen ganz ähnlich vorzustellen hat.

Forum Romanum (I D6/7 und Plan auf S. 40 f.): Das älteste ◆ Forum überhaupt ist am Schnittpunkt von *Vicus Tuscus* und *Sacra Via* in einem Tal gelegen, Mittelpunkt der Stadt und nach antik-römischer Auffassung sogar ›Nabel des Imperiums‹. Die Bezeichnung *forum Romanum* findet sich erstmalig bei Vergil (1. Jh. v. Chr.), fand aber, wie die alternativen Bezeichnungen *forum magnum* oder *forum vetus*, kaum Eingang in den antiken Sprachgebrauch. Bis zum 7. Jh. v. Chr. als Begräbnisplatz genutzt, wurde der Ort erst um 600 v. Chr. zum öffentlichen Areal der sich zu einem Stadtstaat formierenden Siedlungskerne auf den umliegenden Hügeln (*synoikismos*). Typisch dafür ist die Lage: Der Platz ist von den einzelnen Siedlungskernen etwa gleich weit entfernt. Das Terrain war landwirtschaftlich wertlos, sumpfig und musste erst entwässert werden; der Bau der Cloaca Maxima nahm hier seinen Anfang. Das Forum Romanum fügt sich in die literarische Umformulierung römischer Geschichtserzählung in mittel- und spätrepublikanischer Zeit ein: Die in mehr als 14 Jahrhunderten gewachsene Platzanlage mit religiösen, ökonomischen und politisch-gesellschaftlichen Funktionen ist bezüglich ihrer Frühgeschichte bereits in der Antike durch z. T. willkürliche Setzung bedeutender Orte mythisiert worden, wie durch die Markierungen des Grabes bzw. Sterbeortes des Romulus im Pflaster (*lapis niger*, schwarze Fußbodenplatten) oder die Konstruktion des *lacus Curtius* (vermeintlicher Sterbeort des sich heldenhaft opfernden Soldaten Marcus Curtius) und, zu Beginn des 4. Jh.s v. Chr., des *umbilicus urbis* (Mittelpunkt des Imperiums). Das Bodenniveau liegt heute erheblich höher, und einzelne Phasen baulicher Veränderungen überlagern sich z. T. kaum unterscheidbar; Ausgrabungsbefunde sind meist

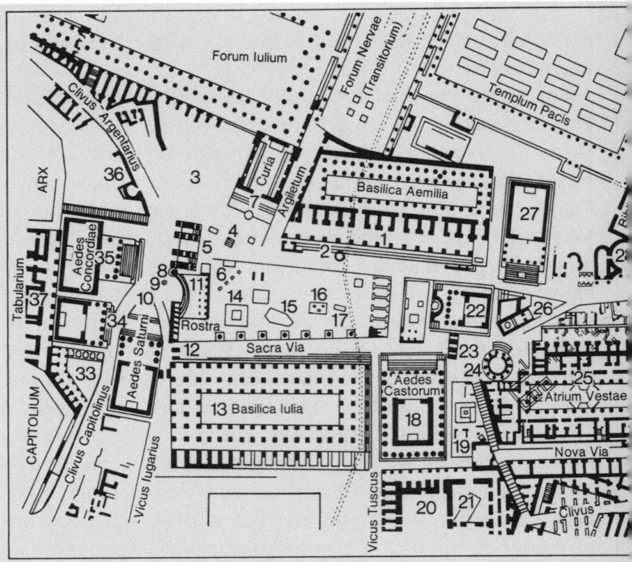

Forum Romanum, Lageplan

1 Basilica Aemilia
2 Heiligtum der Venus Cloacina
3 Comitium (mit Curia Hostilia, Basilica Porcia, Graecostasis)
4 Lapis Niger
5 Bogen des Septimius Severus
6 Dezennalienbasis Diokletians
7 Curia Julia; westlich: Secretarium Senatus (SS. Luca e Martina)
8 Umbilicus Urbis
9 Altar des Vulcanus
10 Tempel des Saturn
11 Rostra; dabei: Milliarium Aureum
12 Bogen des Tiberius
13 Basilica Julia
14 Säule des Kaisers Phokas
15 Lacus Curtius
16 Reiterstandbild Domitians
17 Reiterstandbild Konstantins
18 Tempel der Dioskuren
19 Quelle der Juturna
20 Empfangshalle der Palatin-Paläste
21 Domitianischer Gebäudekomplex (S. Maria Antiqua)

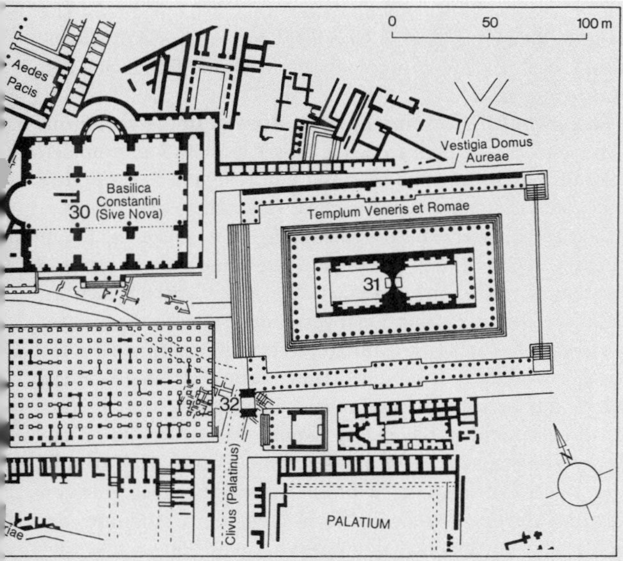

22 Tempel des Caesar
23 Bogen des Augustus
24 Tempel der Vesta
25 Haus der Vestalinnen
26 Regia
27 Tempel des Antoninus Pius und der Faustina (S. Lorenzo in Miranda)
28 »Tempel des Romulus«, Tempeldes Jupiter Stator (der Penaten)
29 Bibliothek Vespasians (?) (SS. Cosma e Damiano)
30 Maxentius-/Konstantins-Basilika
31 Tempel der Venus und der Roma (bei S. Francesca Romana [S. Maria Nova]; Antiquarium Forense)
32 Bogen des Titus
33 Halle der Dei Consentes
34 Tempel des Vespasian
35 Tempel der Concordia
36 Carcer Tullianus / Mamertinus (S. Giuseppe dei Falegnami)
37 Tabularium

unklar oder unzureichend publiziert, und viele topographische Aspekte bleiben weiterhin ungeklärt. Ein kleines **Antiquarium** (S. 184) zeigt in chronologischer Reihung Funde aus den Ausgrabungen.

Das republikanische Forum Romanum: Das Forum wandelte sich seit dem späten 4. Jh. v. Chr. vom kommunalen Verwaltungssitz zum Mittelpunkt von Religion, Staat, Politik und Verfassung eines Großreiches, was sich in der Topographie materialisiert. Die unregelmäßige Platzanlage ist bis in das 2. Jh. v. Chr. hinein sukzessive und ohne Gesamtplanung mit Bauten versehen worden. Dabei kristallisierten sich im Laufe der Zeit zwei funktional getrennte Bereiche heraus: der des *comitium* (politisch genutzter Versammlungsplatz des römischen Volkes) und das eigentliche Forum mit Basiliken und Tempeln (ökonomische und religiöse Funktion), wobei schon in mittelrepublikanischer Zeit ökonomische Aktivitäten auf die hafennahen Fora (Forum Boarium, Forum Holitorium) ausgelagert wurden. Das *comitium* war ursprünglich eine von Auguren geweihte runde Freifläche (*templum*), gesäumt vom *lapis niger*, der das unter dem Platz liegende Heroon des mythischen Stadtgründers Romulus aus dem 6. Jh. v. Chr. markieren soll; es umfasste einen Versammlungsplatz für die Senatoren als den Abgesandten der einzelnen Stämme (*senaculum*), ein Säulenmonument als Ort juristischer Proklamationen (*columna maenia*) und einen Ort des Strafvollzugs (*carcer*). Unmittelbar mit dem *comitium* verbunden war im Süden die **Rednerbühne** (*rostra* – Plural von *rostrum*; benannt nach den dort als Symbol militärischer Unbesiegbarkeit angebrachten Rammspornen der bei der Schlacht von Antium 338 v. Chr. erbeuteten gegnerischen Schiffe) und im Norden der Tagungsort des Senats (*curia*). Die verschiedenen Bestandteile bildeten ein funktionales Ganzes, das bis in das 1. Jh. v. Chr. Spiegelbild der römischen Verfassung und ihrer Elemente war (Volksversammlung, Vertreterversammlung nach Stammesgliederung, Versammlung der Beamten). Um den Forumsplatz herum gruppierten sich die ältesten Tempel der römischen Republik: der **Saturntempel** (laut Annalistik 498 v. Chr. eingeweiht) als Hort des Staatsschatzes, der **Dioskurentempel** nahe dem Quellheiligtum der Iuturna, der nach dem Ende der Ständekämpfe zwischen Patriziern und Plebejern 366 v. Chr geweihte **Concordiatempel** und der **Vestatempel** mit dem Heiligen Feuer, dem **Haus der Vestalinnen** und der **Regia**, dem Amtsgebäude des *pontifex maximus* daneben. Die durch zahlreiche spätere Bauphasen überlieferten Tempel werden hinsichtlich ihrer tatsächlichen Entstehungsgeschichte kontrovers diskutiert. Auf dem Platz selbst standen ephemere Holzbauten für Handel und Gewerbe (*tabernae*) sowie für Tierhetzen, Gladiatorenspiele und Theateraufführungen (*munera*) (belegt durch gemauerte Einlassschächte für die Vertikalstreben dieser Konstruktionen) wie auch zahlreiche Ehrenstatuen, von denen einige wegen Platzmangels durch die Zensoren abgeräumt wurden (um 158 v. Chr.). Gerahmt wurde der Platz im 2. Jh. v. Chr. durch die **Basilica Aemilia**, die **Basilica Porcia** und die **Basilica Sempronia**, Mehrzweckbauten, die die Namen ihrer Stifter trugen.

Das kaiserzeitliche Forum Romanum: Einschneidende Umgestaltungen erfuhr der Platz ab der 2. Hälfte des 1. Jh.s v. Chr.; aus dem Forum mit seinem lebendigen republikanisch-politischen Charakter wurde eine Bühne staatlich-monarchischer Repräsentation. Die steinernen Theater des Marcellus und Pompeius in der Umgebung schufen dauerhaften Raum für Aufführungen; das Comitium verschwand unter Caesars Forum Iulium, der architektonischen Manifestation seiner politischen Usurpation der Republik. Die neue Curia Iulia wurde ein Annex seines Forums, so, wie der Senat zum Annex seiner Herrschaft geworden war. Die neuen Rostra waren eine ihrer ursprünglichen Funktion kontroverser Debatten beraubte Schaubühne an der Stirnseite des neugestalteten Platzes des Forum Romanum, das an seiner Südseite, wo zuvor die Basilica Sempronia gestanden hatte, nun von der Basilica Iulia begrenzt wurde. Als östlicher Abschluss des Platzes entstand unter Augustus (reg. 27 v. Chr. – 14 n. Chr.) der 42 v. Chr. von den Triumvirn gemeinsam versprochene Tempel des *Divus Iulius*, der mit einem Altar im Podium und zweiten Rostra (Schiffsschnäbel der Schlacht von Actium 31 v. Chr.) versehen war. Der Charakter eines dynastischen Monuments der *gens Iulia* wurde noch verstärkt durch den **Ehrenbogen für Augustus**, der im Süden des Divus-Iulius-Tempels die Via Sacra überspannte und so den Bereich vom Forum Romanum gänzlich abriegelte. Der eintorige Bogen wurde anlässlich der Rückgewinnung der gegen die Parther verlorenen Feldzeichen durch einen dreitorigen Bau ersetzt (nach 19 v. Chr.). Er trug Inschriften mit den *fasti consulares* und den *fasti triumphales*, also die ›Staatschronik‹, und wurde wohl 3 v. Chr. an der Nordseite des Tempels um einen **Bogen für Gaius und Lucius** (Augustus' auserkorene Thronfolger) ergänzt. Der 10 v. Chr. mit Marmor gepflasterte Forumsplatz wurde durch die exklusiven Renovierungen der Rahmenbebauung erstmalig, zusammen mit dem **goldenen Meilenstein** (*milliarium aureum*) mit Entfernungsangaben zu den wichtigsten Orten Italiens, zur Bühne symbolisch-allegorischer Herrschaftshandlungen. Die Tendenz zur Inszenierung kaiserlicher Allgewalt am einstigen Mittelpunkt der römischen Republik fand mit zahlreichen Monumenten den jeweiligen epochalen Kulminationspunkt: dem **Ehrenbogen für Tiberius** zwischen Rostra und Basilica Iulia, den **Tempeln** u. a. für **Vespasian**, **Titus** und **Antoninus Pius**, dem **Reiterstandbild Domitians** (91), den prunkvollen **Ehrenbögen für Titus** (eintorig, Reliefschmuck im Durchgang zur Eroberung Jerusalems, 81 Titus postum gewidmet) und **Septimius Severus** (dreitorig, 203 anlässlich des Sieges über die Parther und Araber), dem **Fünfsäulendenkmal** (Ehrensäulen mit Porträts der Viererherrschaft der Kaiser Diokletian, Maximian, Galerius und Constantius im Beisein des Jupiter, 303), der **Basilica Constantiniana** (Maxentius-Basilika, 306–310), dem **Reiterstandbild Konstantins** (324) und der **Phokassäule** (608).

Kirchen auf dem Forum Romanum: Als besonders pittoreske Verbindung von Antike und christlichem Kirchenbau gilt der barocke Umbau des Antoninus-Pius-Tempels (141) zur Kirche **S. Lorenzo in Miranda** (gegründet 1150) von 1602. Frühe christliche Kirchenbauten sind **SS. Cosma e Damiano** (um 526–530) und **S. Maria Antiqua** (6. Jh.). **SS. Luca e Martina** (I C6) geht auf das 5. oder 6. Jh. zurück, als die christliche Gemeinde den Komplex des antiken Senatsarchivs (*secretarium senatus*) übernahm und in ihm eine Kirche für die Märtyrerin Martina einrichtete. Noch bis ins 12. Jh. fanden hier Gerichtssitzungen der römischen Senatoren statt. Sixtus V. schenkte den Bau 1588 der Künstlervereinigung Accademia di S. Luca (gegründet 1577). Unter dem Vorsitzenden Pietro da Cortona entstand mit Geldern des Kardinals Francesco Barberini die neue Kirche SS. Luca e Martina (1634–50) als Annex der Akademie. Die alte Kirche S. Martina diente als Unterkirche und wurde von Pietro da Cortona mit eigenen Mitteln neugestaltet; sie enthält neben dem Schrein der hl. Martina auch sein Grab (gest. 1669). Der Grundriss des Neubaus formt ein griechisches Kreuz, dessen vier Arme in runden Apsiden enden. Die doppelgeschossige Fassade wird von einer steilen Kuppel mit hoher Laterne überragt. Die Kirche erhebt sich seit der Forums-Umgestaltung nach 1931 (Abbruch der benachbarten Accademia) isoliert auf dem Forum.

Palatin (I D7): Die zentrale, 51 m hohe, großflächige Erhebung ist seit dem 10. Jh. v. Chr. durch eisenzeitliche Hütten in ◆

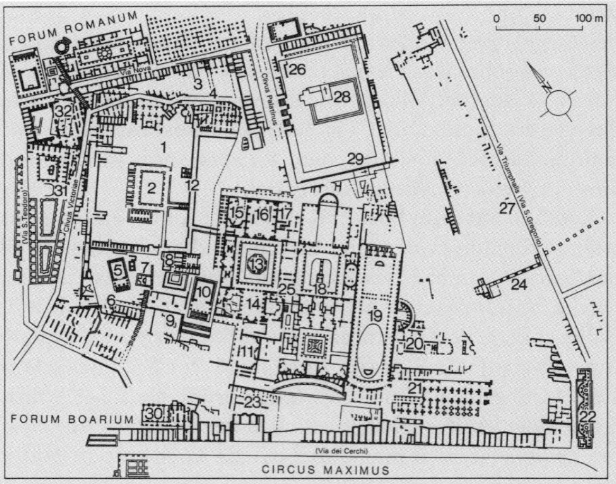

Palatin, Lageplan

1 Farnesische Gärten; darunter
2 Domus Tiberiana
3 Uccelliera, Ninfeo della Pioggia
4 Casino Farnese
5 Tempel der Magna Mater
6 Archaische Hütten, »Haus des Romulus«
7 Zisternen
8 Haus der Livia
9 Wohnung des Augustus
10 Tempel des Apollo Palatinus
11 Bibliotheken
12 Kryptoportikus
13–17 Domus Flavia
13 Peristyl
14 Triclinium (darunter Domus Transitoria Neros)
15 Basilica (darunter Aula Isiaca)
16 Aula Regia
17 Lararium (darunter Haus der Greifen)
18 Domus Augustana
19 Stadion des Domitian
20 Thermen des Septimius Severus
21 »Domus Severiana«, Substruktionen
22 Septizonium des Septimius Severus
23 Paedagogium
24 Aqua Claudia
25 Antiquarium des Palatin
26 Tempelbezirk Elagabals
27 Vignola-Portal Via S. Gregorio
28 S. Sebastiano al Palatino
29 S. Bonaventura
30 S. Anastasia
31 S. Teodoro
32 S. Maria Antiqua

Lehm- bzw. Flechtwerkbauweise als Wohnort bezeugt. In republikanischer Zeit wurden hier die bedeutenden Tempel für **Iuppiter Victor** (295 v. Chr., verloren) und **Magna Mater** (204 v. Chr.) gegründet und luxuriöse Stadthäuser der Aristokratie entstanden. Beginnend mit einem privaten Ankauf des Terrains durch Augustus (reg. 27 v. Chr. – 14 n. Chr.), waren sein Haus und das Haus seiner Frau Livia (mit gut erhaltenen Wandmalereien) zwar räumlich vergleichsweise klein, ganz im Sinne eines traditionellen römischen Stadthauses, dennoch aber durch dekorative Ausstattung, den Anbau zweier Peristylhöfe und eines Apollontempels, die Keimzelle eines exklusiven Refugiums des römischen Kaisertums. Auf die republikanische Tradition verweisen die offiziellen Bezeichnungen der Palatin-Bauten als *domus* (»Stadthäuser«). Tiberius (reg. 14–37) und Caligula (reg. 37–41) erweiterten den Komplex, unter Nero (reg. 54–68) entstand mit der *domus Tiberiana* ein erster durchgehender, offizieller Herrscherpalast (das Wort ›Palast‹ leitet sich von ›Palatin‹ ab), verbunden mit großzügigen, bis an das Forum Romanum reichenden Gartenanlagen und nach 64 noch erweitert um die *domus aurea*. Unter Domitian erfolgte Ende des 1. Jh.s eine Neubebauung des gesamten Areals, unter Einschluss des nur aus Traditionsgründen erhaltenen Altbestandes (Tempel für Apollon, Magna Mater und Augustushaus). Der Komplex trat nun als bauliche Einheit vor Augen, mit der sog. *domus Flavia* als öffentlichem Palastareal und der *domus Augustana* für die Privaträume; beide Bereiche waren um ein Gartenperistyl gruppiert. Über einen direkten Zugang gelangte man zur Kaiserloge des am Südfuß des Palatins gelegenen Circus Maximus, im Osten schloss sich ein Hippodrom an. Die Bauten wurden danach nur noch geringfügig verändert: In severischer Zeit wurden sie im Südosten ergänzt, 410 bei Verlagerung der Residenz nach Konstantinopel wurden sie aufgegeben. Im Mittelalter erhoben sich auf den Ruinen verschiedene Klöster und Kapellen; die Frangipani errichteten hier für einige Jahre eine Festung. Seit dem 16. Jh. entstanden Weinberge und Gärten verschiedener römischer Adelsgeschlechter. Am bedeutendsten sind die **Farnesinischen Gärten** (I C/D7), eine Terrassenstruktur von Vignola mit kleinen Bauten und Park. 2007 wurde eine künstlich angelegte Grotte mit Muschelmosaiken entdeckt, eventuell das Lupercal, eine unter Augustus ausgestaltete Höhle, in der der Legende nach die Zwillinge Romulus und Remus von der Wölfin gesäugt wurden.

Konstantinsbogen (I E7): Der prächtigste, größte und besterhaltene stadtrömische Bogen (315) ist ausweislich der Inschrift eine Ehrung des Senats und der römischen Bürger (*SPQR, senatus populusque Romanus*) an Kaiser Konstantin, anlässlich seines Sieges an der Milvischen Brücke über Maxentius (312). Der dreitorige Bogen von gut 25 m Höhe, im Kern aus Ziegeln und Gusszement, ist vollständig mit Travertin- bzw. Marmorplatten verkleidet. Die Reliefdekore stammen großteils von anderen Bauten und wurden hier neu arrangiert. Nur der untere Teil bis einschließlich der schmalen Friesbänder über den Seitendurchgängen wurde eigens für den Bogen geschaffen; insbesondere die Friese mit einer Chronik der Schlacht gegen Maxentius sind aufschlussreich, da sie Rom, v. a. das Forum Romanum, im baulichen Zustand der Zeit um 315 zeigen. Die acht Rundbilder mit Jagd- und Opferszenen oberhalb des Frieses stammen von einem unbekannten Denkmal, vermutlich einem Bogen aus hadrianischer Zeit; die Hadrianporträts sind umgearbeitet und mit den Zügen des Konstantin versehen. Acht hochrechteckige, über 3 m hohe Reliefs in der Attika (vier auf jeder Seite) stammen von einem Ehrenbogen für Marc Aurel (reg. 161–180), wohl zu Beginn der Regentschaft seines Nachfolgers Commodus entstanden. Sie schildern die Kriege Marc Aurels gegen die Quaden und Mar-

Konstantinsbogen, Attikazone, mit Bauschmuck: Gefangene Daker vom Forum des Trajan, Reliefs von einem demontierten Ehrenbogen für Marc Aurel

komannen und stehen thematisch wie stilistisch der Marcussäule nahe. Auch hier sind die Kaiserporträts auf Konstantin umgearbeitet. Die acht großen Daker-Figuren in der Attikazone waren ursprünglich Bestandteile des Trajansforums. Eine schlüssige programmatische Aussage dieser Bildanordnung ist bis heute nicht nachgewiesen und hat es möglicherweise auch nicht gegeben. Unspezifisch werden die verschiedenen Lebenssphären des Kaisers idealisiert: Opfer und Jagd, Krieg und Unterwerfung.

Kolosseum (I E7): Das große Amphitheater Roms entstand ♦ 72–80 unter den flavischen Kaisern Vespasian, Titus und Domitian an einem Ort, den Nero nach dem Brand des Jahres 64 für seine Palastvilla beansprucht hatte – als ein Akt der ›Rückgabe‹ dieses illegitimerweise privatisierten Terrains an die städtische Bevölkerung. Offizieller Name des Baus war ›flavisches Amphitheater‹; die volkstümliche Bezeichnung ›Kolosseum‹ ist nachantik und bezieht sich auf eine einst beim Amphitheater stehende Kolossalstatue für Nero (*colossus Neronis*; später in Konstantin umgewandelt; nicht erhalten). Während der Bautypus des Amphitheaters in Kampanien schon seit etwa 100 v. Chr. bekannt war und sich spätestens im frühen 1. Jh. über das gesamte Imperium verbreitet hatte, gab es vor dem Bau des Kolosseums in Rom kein steinernes Exemplar. Als nun größtes im Reich wurde es mit einem hunderttägigen Festspektakel eingeweiht. Der Baukern aus Gusszement und Ziegeln war prachtvoll mit Travertin oder Marmor verkleidet. Der elliptische Grundriss misst 188 × 156 m; auf den drei Rängen mit Sitzplätzen fanden etwa 50 000 Personen Platz, weitere 25 000 auf den Stehplätzen des vierten Rangs in 57 m Höhe. Die Geschossstaffelung ist auch von außen zu erkennen: durch das kanonische Übereinander von dorischer, ionischer und korinthischer Säulenordnung (Superposition). Das Kolosseum war durchsetzt mit raffinierter Gebäudetechnik. Eine aus Sonnensegeln bestehende Dachkonstruktion ermöglichte es, den Innenraum zu verschatten. Unter dem Arenaboden erstreckte sich ein Labyrinth von Räumen für Gladiatoren, Schauspieler, Tiergehege, Werkstätten und Requisiten. Durch ein ausgeklügeltes System von knapp 100 Liften konnte die Szenerie schnell umgebaut oder schlagartig eine große Menge von Tieren in die Arena befördert werden. Die Aufführungen bestanden aus Gladiatorenkämpfen, die oft nicht auf Leben oder Tod, sondern eher als ›Schaukämpfe‹ ausgetragen wurden, oder aus Tierhetzen mit höherem, da unkalkulierbarem Gefahrenpotential. Die Versorgung römischer Arenen mit Wildtieren ließ eine Art ›Tierfangindustrie‹ entstehen, mit Großexpeditionen nach Afrika und Asien. Der Veranstalter bzw. Sponsor gewährleistete das rechte Maß an Opulenz, denn das Bespielen großer

Arenen konnte sehr teuer sein, wenn die Darbietung nicht armselig wirken sollte. Die Zuschauerplätze waren über ein ausgeklügeltes System von Zugängen erreichbar: Die Cavea war in kleine, voneinander strikt abgegrenzte Kompartimente unterteilt, die in wenigen Minuten erreicht bzw. geräumt werden konnten; Unruhen waren auf diese Weise effektvoll kontrollierbar. Der heute schlechte Erhaltungszustand ist dadurch bedingt, dass die Ruine im Mittelalter umgestaltet wurde und lange Zeit bewohnt war und später dann als Steinbruch für andere Neubauten diente.

Von den Trajansthermen über die Domus Aurea zu den Kaiserfora

Trajansthermen (I F6): Die Thermen entstanden bald nach 108, nachdem ein Trakt der Domus Aurea einer Feuersbrunst zum Opfer gefallen war – ähnlich wie die nicht mehr erhaltenen Titusthermen erheben sie sich also auf Baugrund, den Nero (reg. 54–68) illegitimerweise privatisiert hatte; ihr Bau ist als Geste der Rückgabe des Terrains an die Bevölkerung zu verstehen. Die Trajansthermen, heute stark zerstört, waren der erste übergroße stadtrömische Thermenbau und typusprägend für alle späteren Anlagen: ein nahezu quadratischer, im Grundriss achsensymmetrisch angelegter Baukörper mit zwei Badetrakten (für Männer und Frauen) und gemeinsam genutzter Infrastruktur in einer großen, mauerumfassten Parkanlage. Die Becken wurden gespeist von der Aqua Traiana, einer eigens für den Betrieb der Therme errichteten Wasserleitung. Spektakulär ist die fast vollständig erhaltene Zisternenanlage mit ihren neun miteinander verbundenen Kammern.

Domus Aurea (I E6): Nach dem Rom-Brand von 64 ließ Kaiser Nero sich inmitten der Stadt diese prachtvoll ausgestattete Residenz errichten und mit einem 80 ha großen Park mit Tiergehegen samt künstlichem See umgeben. Doch nur noch Teile der Substruktionen sind erhalten; sie lassen kaum mehr den Prunk des 150 Säle umfassenden Palastes erahnen. Von kunstgeschichtlicher Bedeutung des im frühen 16. Jh. freigelegten Komplexes sind die feinlinearen Wand- und Deckendekorationen – als ›Grotesken‹ (ital. *grottesco* – Grotte, nach dem vermeintlich unterirdischen Fundort) fanden sie Eingang in die zeitgenössische Dekorationskunst – und die zahlreichen freigelegten Statuen, wie die berühmte Laokoongruppe (heute im Belvedere des Vatikans).

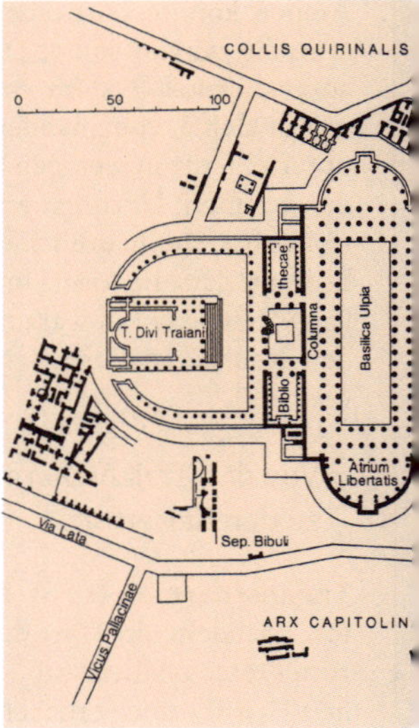

♦ **Kaiserfora** (Fori Imperiali, II C/D5–6): Diesen Sonderfall eines Forums gibt es neben Konstantinopel nur in Rom (Forum Iulium, Forum Augusti, Forum Transitorium/Nervae, Forum Traiani). Die großflächigen Repräsentationsanlagen sollten, wie auch die Umstände ihrer Errichtung, den Ruhm ihrer Stifter mehren. Das benötigte Gelände zu beschaffen und zu bebauen, die von dieser Requirierung Betroffenen für alle Welt sichtbar großzügig aus eigenen Mitteln zu entschädigen, war mit erheblichen Kosten verbunden (so von Caesar und Augustus wiederholt betont). Im Fall des Trajansforums musste für die Geländeplanierung ein ganzer Berg abgetragen werden – die Trajanssäule zeugt von dessen einstiger Höhe. Wie sehr sich diese Anlagen als ›private Stiftungen‹ von den traditi-

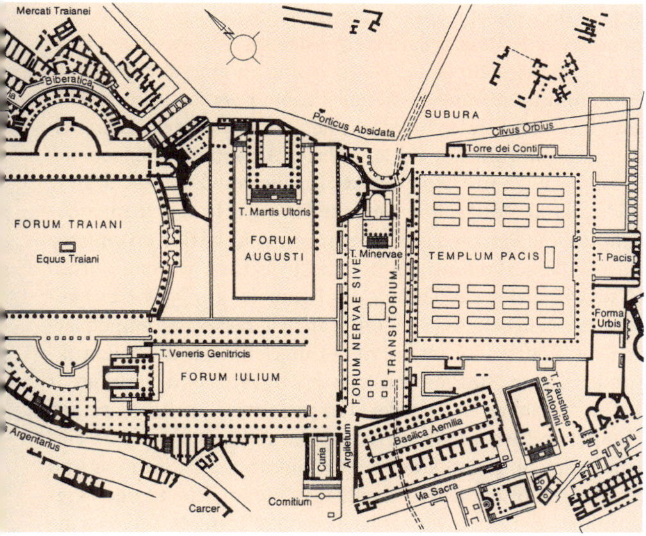

Kaiserfora, Lageplan

onell öffentlichen Foren wie dem Forum Romanum absetzen sollten, verdeutlichen auch die unterschiedlichen Bauformen und Funktionen. Die in dicht bebautes Areal eingefügten Komplexe sind durch hohe Mauern nach außen abgeschottet und nach innen auf sich selbst hin orientiert. Sie waren für Marktbetrieb und Durchgangsverkehr geschlossen. Ihre Funktionen beschränkten sich auf den Justizbetrieb, wichtige Staatsakte sowie den musisch-literarischen Unterricht. Zudem waren die Kaiserfora in ihrer jeweiligen repräsentativen Ausstattung mit Bildwerken, angeschlossenen Bildergalerien, Bibliotheken, Inschriften, Kultgeräten, Gemmen etc. nicht nur eine Frühform des Kunstmuseums, sondern zugleich eine Manifestation des Herrschaftsverständnisses des jeweiligen Bauherrn. So beinhaltete das Augustusforum eine übergreifende Inszenierung römischer Geschichte und verband die mythische Frühzeit nahtlos mit der realen Herrschaft des Augustus; das Trajansforum war ein komplexes Bau- und Bildensemble, das der stadtrömischen Bevölkerung die gesellschaftliche Leitbildfunktion des Militärs vermitteln sollte. In seiner Ausrichtung auf die Person des Bauherrn ist das Kaiserforum eine römische Neuerfindung. Hinter der Idee für das erste Forum (Caesar) scheint das Theater des Pompeius (61–55 v. Chr.) gestanden zu haben, das wiederum an hellenistische Tempelplätze (z. B. Zeusheiligtum in Priene) angelehnt ist; die Baustruktur der frühen Anlagen von Caesar, Augustus und Nerva greift auf den etablierten Typ des Tempelforums zurück, eine auf Tempel und Altar fokussierte, gerahmte Platzanlage. Das Trajansforum hingegen kombiniert militärische Bauformen und Strukturen öffentlicher Platzanlagen zu einer neuartigen Gesamtheit, die durch die angegliederten *Mercati Traiani* eine volksnahe Infrastrukturmaßnahme miteinbezog und so die introvertierte Exklusivität dieser Anlagen aufbrach.

Das **Caesarforum** (Forum Iulium) wurde ab 54 v. Chr. in permanentem Konflikt mit dem Senat und oppositionellen Teilen der Aristokratie errichtet. Der rechteckige Platz von 170 × 75 m ist von Läden und einer Basilika gerahmt. Im Zentrum der Anlage, die auf subtile Weise politische Funktionen des benachbarten Forum Romanum usurpiert hatte, erhob sich der Tempel der Venus Genetrix.

Das **Augustusforum**, 42 v. Chr. gelobt und 2 v. Chr. eingeweiht, ist eine langrechteckige, achsensymmetrische Anlage (125 × 118 m) in einer der klassischen Kunst Athens entlehnten Formensprache. Der Mars-Ultor-Tempel (der Caesar ›rächende Mars‹) mit acht korinthischen Säulen schließt direkt an eine hohe Brandmauer im Norden an. Die beiden Seitenportiken weisen je eine weite Exedra auf, in denen die Ahnengalerie des römischen Imperiums (*viri illustres*, beginnend mit Romulus) subtil mit der hiermit mythisierten *gens Iulia* (Sippe des Augustus) verknüpft wird.

Unter **Nerva** entstand ein Forum mit einer schmalen Platzanlage (120 × 45 m; postum 97 eingeweiht); es wird auch als **Forum Transitorium** bezeichnet, da es als Durchgang zum Friedenstempel (nicht ausgegraben) und den anderen Kaiserfora diente. In der Antike waren hier die Buchhändler Roms aktiv und die berühmte 4 × 6 m große *forma urbis* angebracht (in Fragmenten erhalten): ein Stadtplan Roms um das Jahr 200 (Zeit des Kaisers Septimius Severus). Der zentrale Minervatempel wurde 1606 abgerissen; weite Teile des Areals liegen unausgegraben unter der Via dei Fori Imperiali.

Das **Trajansforum** (ab 107) ist mit 300 × 185 m Ausdehnung das größte der Kaiserfora. Es weist einen großen Platz mit Reiterstandbild des Trajan, eine quergelagerte, prachtvoll ausgestattete Basilika, mit der von einem Spiral-Reliefband gezierten Säule dahinter (die flachen Reliefs zeugen von dem ungebrochenen Optimismus der römischen Offensivkriege, in deren Folge das Imperium Romanum seine größte Ausdehnung erreichte), ein Grabmal Trajans mit zwei die Säule flankierenden Bibliotheksbauten und einen kleinen Platz mit Tempel des vergöttlichten Trajan auf. Überall begegnete man hier in Bildern und Inschriften den Heldentaten Trajans bei Eroberung und Eingliederung Dakiens als neuer römischer Provinz. Unmittelbar beim Trajansforum erhebt sich die Kuppelkirche **S. Maria di Loreto**, die einst der Bäckerinnung gehörte. Der nach außen hin quadratische, im Inneren oktogonal strukturierte Bau mit steiler Kuppel und Laterne darüber geht wohl auf Pläne von Antonio da Sangallo d. J. zurück, wurde um 1520 begonnen und 50 Jahre später vollendet.

Die östliche Exedra des Trajansforums und dahinter die Trajansmärkte

Die **Casa dei Cavalieri di Rodi** (Piazza del Grillo, II D5), römische Zentrale des ›Ritterlichen Ordens des hl. Johannes vom Spital zu Jerusalem‹, entstand zwischen 1214 und 1470; seit 1946 dient sie als Residenz des Malteserordens. Hier werden Relikte der Ausgrabungen auf dem Augustusforum verwahrt; den aufwendig rekonstruierten Ehrensaal zieren zwei Wandfresken mit Karten der Besitzungen des Ordens (rechts) und der Inseln Malta und Rhodos (links).

Mercati Traiani (II D5): Die Trajansmärkte schließen sich an die östliche Exedra des Trajansforums an; sie sind konkav in den Hang des in der Antike dicht bewohnten und an dieser Stelle abgetragenen Quirinal-Hügels hineingebaut, um das Erdreich zu stützen; dahinter grenzte direkt die *subura* (ärmeres Stadtviertel) an. Der aus Ziegeln erbaute Komplex datiert ausweislich der Ziegelstempel 100–110. Im unteren Teil folgt der Bau mit Ladengeschäften über zwei Geschosse hinweg der Forums-Exedra, flankiert von zwei halbrunden Kuppelsälen unklarer Bestimmung. Das 3. Geschoss, über eine steile Treppe erreichbar, besteht aus der gut erhaltenen Ladenstraße **Via Biberatica** (lat. *biber* – »Getränk«). Eine weitere steile Treppe erschließt das 4. Geschoss, dessen Zentrum ein langrechteckiger zweigeschossiger, überwölbter Saal ungeklärter Funktion bildet. Weitere zweistöckige Räume, vermutlich für die Verwaltung dieses ›Einkaufszentrums‹, schließen sich an. In fünf Geschossen auf vier Ebenen waren hier über 150 Ladengeschäfte sowie staatlich betriebene Lagerräume für Lebensmittel zu einem wegweisenden Baukomplex zusammengefügt, der die Infrastruktur der Stadt Rom nachhaltig verbesserte. Seit 2007 ist hier das **Museo dei Fori Imperiali** integriert, das einen Überblick über die Geschichte der Kaiserforen bietet. Sie wurden unter Mussolini in wenig gründlichen Flächenausgrabungen freigelegt und dienten als Kulisse faschistischer Inszenierungen, etwa bei Aufmärschen auf der neuen Straßenachse der Via dei Fori Imperiali zwischen Piazza Venezia und Kolosseum.

Vom Circus Maximus über Forum Boarium und Forum Holitorium zurück zum Kapitol

Circus Maximus (I C/D8): Das mit etwa 600 × 120 m größte öffentliche Bauwerk der römischen Antike ist sehr viel schlechter erhalten, als dies die Rekonstruktionen der 1930er Jahre heute suggerieren. Wie bei allen antiken Circusbauten umgaben auch hier zunächst tribünenartige Erdwälle eine planierte Bahn für Pferde- und Wagenrennen; erst sukzessive wurde die Anlage zu einem immer repräsentativeren, technisch anspruchsvolleren Bauwerk umgeformt. Ab etwa 430 v. Chr. gab es die *carceres* (›Starthäuschen‹ für die Gespanne) an der nördlichen Schmalseite, eine erste Trennmauer (*spina*) mit Kanalisierung in der Mitte der Rennbahn sowie erste Zuschauertribünen aus Holz. Verschiedene Umbauten des 2. und 1. Jh.s v. Chr. überführten weite Teile in repräsentative Steinarchitektur, z. B. die Spina (mit Obelisken, Eiern und Delphinen als Rundenzählern), die gefasste Bogenseite des Circus im Süden, und unter Augustus das *pulvinar* (»Polstersitz«) für die Götter. Noch prunkvollere Ausbauten erfolgten nach den Bränden von 36 und 64. Der Neubau unter Nero (reg. 54–68) schaffte Platz für 250 000 Personen, weitere Anbauten folgten im 2. und 4. Jh. Der Circus diente v. a. für Wagenrennen, besonders während der jährlichen *Ludi Romani* im September, aber auch als Start- und Zielort repräsentativer Festumzüge, die hier als Gesamtinszenierung betrachtet werden konnten.

Unmittelbar beim Tiberhafen, außerhalb der Stadtmauer, lagen zwei antike Marktplätze. Das **Forum Holitorium** (I C7) war in der Antike der Gemüsemarkt. Hier befanden sich bedeutende stadtrömische **Tempel für Ianus**, **Spes**, **Pietas** und **Iuno Sospita**. Der Pietastempel fiel dem Bau des nahen Marcellustheaters zum Opfer, das auch den Raum des Forums erheblich beschnitt. Reste der anderen drei Tempel aus dem 3./2. Jh. v. Chr. fanden sich unter und neben der Kirche **S. Nicola in Carcere**. Am südlichen Ende erhebt sich die Kirche **S. Maria in Cosmedin** (I C7). Die in die antike Forumsbebauung integrierte dreischiffige Hallenkirche wurde im 6. Jh. begonnen und unter Hadrian I. (Papst 772–780) ausgebaut. Die Marmorarbeiten und 48 Wandbilder im Inneren entstammen der Zeit um 1120. Die umfassende Barockisierung der Kirche aus dem 17. Jh. wurde in zwei Kampagnen 1894–99 und 1925 behutsam rückgebaut. Bekannt ist die Kirche v. a. wegen des antiken, maskenförmigen Schwörsteins vor der linken Wand des Narthex. Zur Beteuerung der Wahrheit einer Aussage musste man die Hand in die Mundöffnung stecken. Dem

Volksmund nach hielt diese *Bocca della Verità* die Hand eines Lügners auf ewig fest. Das sich anschließende **Forum Boarium** (I C7) war Viehmarkt, nahe der Mündung der Cloaca Maxima in den Tiber. Der Bereich wird heute von zwei antiken Tempeln dominiert: dem rechteckigen **Tempel des Hafengottes Portunus** (fälschlich Fortuna Virilis zugeschrieben) und dem **Rundtempel für** (vermutlich) **Hercules Olivarius** (fälschlich Vesta zugeschrieben). Der als typisch römischer Podiumstempel konzipierte Portunustempel aus mit Travertin verkleidetem Tuff erhebt sich auf einem massiven, über eine breite Freitreppe zugänglichen Podium. Die Formen der vier ionischen Säulen und der Bauschmuck weisen ihn der Zeit um 100 v. Chr. zu. Annähernd zeitgleich ist der in korinthischer Ordnung errichtete Hercules-Rundtempel, der in Rom älteste erhaltene Bau gänzlich aus Marmor, welcher, da in Italien noch keine Marmorbrüche erschlossen waren, aus Griechenland kam. Er zeugt damit ebenso von der Hinwendung des mittelrepublikanischen Roms zu griechischen Architekturvorbildern wie auch die konzisen ionischen Bauformen des benachbarten Portunustempels. Beide Bauten verdanken ihren relativ guten Erhaltungszustand – beim Rundtempel fehlt der Architrav über den Säulen – dem Umstand, dass sie im frühen Mittelalter in Kirchen umgewandelt wurden.

Teils überbaut von der Vorhalle der Kirche **S. Giorgio in Velabro** (I C7), einem Spolienbau des 9. Jh.s mit Umbauten des 13. und 18. Jh.s, erheben sich die Reste des sog. **Argentarierbogens**; ausweislich der Inschrift wurde das reich geschmückte Ehrenmonument für Kaiser Septimius Severus 204 von den *argentarii*, den ortsansässigen Geldwechslern, gestiftet. In der Nähe befindet sich ein weiterer Bogen mit Durchgängen in allen vier Seiten, der sog. **Ianusbogen**, ein wohl Kaiser Konstantin gewidmeter Spolienbau aus dem 4. Jh.

Westliche Innenstadt

Als Marsfeld (*campus martius*) bekannt, war diese östlich des Flusses gelegene, im Westen an Kapitol und Quirinal angrenzende Ebene in der Antike staatliches Territorium. Es beginnt im Süden mit dem Bereich gegenüber der Tiberinsel und reicht, mit einer Kette von Repräsentationsbauten zwischen Heiligtümern entlang der Via Flaminia, nach Norden bis zur Stadtmauer.

Zwischen Marcellustheater und Corso V. Emanuele II

Dieser seit dem Mittelalter dicht bebaute Stadtraum ist im Westen durch den Tiber, im Südosten durch das Kapitol und im Norden durch den Corso V. Emanuele II begrenzt. Bebauung und Straßenverlauf folgen kleinteilig der antiken Topographie. Es gibt hier viele luxuriöse Palazzi der Aristokratie aus Renaissance, Manierismus und Barock – die Plünderung von 1527 unter Karl V. hatte das Quartier besonders stark zerstört und damit ideale Voraussetzungen für eine Neubebauung geschaffen.

Tempel für Apollon Sosianus und **Marcellustheater** (I B6): Die Reste des wohl 449 v. Chr. gegründeten Tempels mit den wiederaufgerichteten korinthischen Säulen stehen direkt neben dem Marcellustheater; für dessen Errichtung wurde der Tempel versetzt. Das dem Marcellus (Neffe des Augustus) 13 oder 11 v. Chr. am Rande des Marsfeldes geweihte, besterhaltene römische Theater unterscheidet sich im Typus markant von einem griechischen Theaterbau: Es ist als freistehende Architektur ausgeführt (statt am Hang), der Zuschauerraum (*cavea*) ist halbkreisförmig (also 180 statt 210 Grad), die Aufführung erfolgte auf einer podiumsähnlichen Bühne vor einer hohen, reich gegliederten Schaufassade (*scaenae frons*) statt in einer kreisförmigen, ebenerdigen *orchestra*. Das steinerne Theater fasste ca. 15 000 Besucher, ersetzte ein temporäres hölzernes der republikanischen Zeit und ist seit dem Mittelalter bewohnt; zunächst wurde es von den Orsini als Palazzo genutzt, dann von den Savelli als Festung, und noch heute existiert das ›modern‹ aufgestockte Wohngeschoss, das das 3. Geschoss des antiken Baus ersetzt. Die zwei unteren Geschosse in dorischer und ionischer Ordnung wurden 1926–32 ausgegraben und restauriert. Sie geben von außen einen Eindruck von der Bauweise: Gusszement, Ziegelwerk und Tuffblöcke, verkleidet mit Travertin und Marmor.

S. Maria in Campitelli (I B6): 1619 geweiht, geht der barocke Neubau (1675) auf Papst Alexander VII. zurück, der hier das Bild der Madonna del Portico, das während der Pestepidemie von 1636 Wunder bewirkt haben soll, in Szene setzte. Die Pläne von Carlo Rainaldi, die einen ovalen Zentralbau vorsahen, wurden zu einer Kombination eines Ovals mit einem vorgeschalteten Langhaus abgeändert. Das Innere wird von dem Marienbild in der Mitte des Hochaltars dominiert. Die hohe, doppelstöckige Travertinfassade mit ihrer enormen baulichen Tiefenstaffelung sticht aus der angrenzenden Hausbebauung deutlich heraus.

Synagoge (I B6): In Rom gab es eine der ersten jüdischen Gemeinden in Europa (2. Jh. v. Chr.). Vonseiten der Päpste war sie enormen Restriktionen ausgesetzt. Ein Edikt Pauls IV. von 1555 erklärte das kleine Gebiet gegenüber der Tiberinsel zum Ghetto; bei dessen Auflösung 1870 wurde die alte Synagoge abgetragen. Der heutige Bau wurde 1901–04 in ›assyro-babylonischem‹ Stil erbaut. Die Kuppel ist im Inneren mit Aluminium ausgekleidet. Das Museum **Mostra permanente della Communità Ebraica di Roma** zeigt alte Thorarollen, Bücher und Juwelierarbeiten.

Der von Tempeln aus dem 4. und 3. Jh. v. Chr. umstandene Komplex des **Circus Flaminius** wurde im 16. Jh. vom **Palazzo Cenci** (I B6) überbaut.

Porticus der Octavia (I B6): Mit Säulenhallen (Portiken) umfasste Platzanlagen bedeckten einst das gesamte Areal nördlich des Circus Flaminius. Nur von diesem Bau haben sich nennenswerte Reste erhalten. Die Porticus (33–23 v. Chr.), mit 119 × 132 m eher klein, erhebt sich anstelle einer 146–131 v. Chr. erbauten Platzanlage und wurde Octavia, der Schwester des Augustus, geweiht. Sie umschloss den 179 v. Chr. geweihten Iuno-Regina-Tempel und den Iuppiter-Stator-Tempel (verloren), den ersten überhaupt ganz aus Marmor errichteten Tempel in Rom. Die Porticus wurde mehrfach zerstört und wiederaufgebaut. Der heutige Bauzustand geht laut Architrav-Inschrift des relativ gut erhaltenen Propylons (Torbau) auf eine Restaurierung (201) unter Kaiser Septimius Severus zurück.

Fontana delle Tartarughe (I B6): Der ›Schildkrötenbrunnen‹ ist ein Kleinod unter den römischen Brunnen. Er wurde 1581–84 von Giacomo della Porta entworfen und von Taddeo Landini (Florenz) ausgeführt. Aus dem Becken erhebt sich ein mit vier Muscheln geschmücktes Fundament. Vier schlanke Jünglinge tragen über ihren Köpfen auf ausgestreckten Armen eine Schale, so dass sich eine beinahe pyramidal-verspielt wirkende Gesamtkonzeption ergibt. Die vier namengebenden Schildkröten am Beckenrand gehörten ursprünglich nicht zum Denkmal; sie sind eine Ergänzung von Bernini, angebracht vermutlich im Zuge einer Restaurierung 1658.

Palazzi Mattei: An der Piazza Mattei finden sich zwei, im Umkreis noch fünf weitere Stadtpalazzi der Familie Mattei (16. Jh.). Der **Palazzo Mattei-Paganica** (II B6) wurde wohl von Vignola ab 1540 errichtet und ist heute Sitz der Enciclopedia Italiana. Reste der Cavea des Balbustheaters sind hier verbaut. Der **Palazzo Caetani** (II B6) ist ein für Alessandro Mattei ab 1564 erbautes, klar gegliedertes, dreistöckiges Gebäude mit travertinrustizierter Ziegelfassade und zwei Innenhöfen. Der baugeschichtlich wichtigste und späteste ist der **Palazzo Mattei di Giove** (II B6), gebaut für Asdrubale Mattei; der Architekturkörper (Carlo Maderno, 1598–1611) ist auf den Innenhof fokussiert; gleich zwei Loggien ermöglichen an der Eingangsseite den Blick auf ihn. Hof und anschließender Garten mit zwei Brunnen dienten dem Besitzer als museales Antiquarium für antike oder antikisierende Skulpturen. Die Innendekoration stammt aus dem frühen 17. Jh.: Stuckarbeiten im Treppenhaus, Deckenfresken mit aufwendigen Stuckrahmungen im Piano Nobile und der Galerie (u. a. Pietro da Cortona). Der Bau wurde 1938 vom italienischen Staat erworben und beherbergt heute das Italienische Historische Institut für Zeitgeschichte und Moderne mit einer umfangreichen Bibliothek und Schallplattensammlung.

Theater des Balbus (**Crypta Balbi**, II B6): 13 v. Chr. eingeweiht, schloss sich hinter der Theaterbühne ein etwa quadratischer, von einer Pfeilerhalle umgebener Hof an, der teils unterirdisch angelegt war (Cryptoporticus). Über drei Geschosse hinweg ist eine Ausstellung über die Baugeschichte dieses Ortes von der Antike bis in die Gegenwart zu sehen; sie macht den facettenreichen Wandel des Baukomplexes im Kontext sich wandelnder Stadtbilder deutlich: zunächst antikes Theater, ab dem 8. Jh. Teil eines Klosters, seit dem Mittelalter Umbau zu verschiedenen Formen der Wohnarchitektur, seit dem späten 19. Jh. mit geschäftlicher Nutzung.

Der **Palazzo Venezia** (II C5) ist im Kern einer der ältesten Palazzi in Rom. Er steht mit seinem Turm und den zinnenbesetzten Wehrgängen in der Bautradition trutziger Burgarchitektur des 15. Jh.s und unterscheidet sich insofern erheblich vom repräsentativen, dreistöckigen Normtypus des Palazzos des 16. Jh.s. Der nach außen abgeschottete, durch ein Portal von der Piazza her betretbare, dreigeschossige Komplex mit überhöhtem Sockelgeschoss wird durch ein großes Vestibül erschlossen, das in einen Innenhof mit umlaufend doppelstöckiger Loggia führt. Die Sala Regia erreicht eine Höhe von 12 m und ist mit 35 m Länge kaum kleiner als die des Vatikans. Gemalte Architekturen (wohl Bramante) verzieren die Wände. Der Bau (Francesco del Borgo, 1455) ersetzte einen kleineren Vorgängerbau; Kardinal Pietro Barbo initiierte seine Errichtung; nach seiner Wahl zum Papst (Paul II.) residierte er noch bis 1470 hier. Der Palazzo diente weiterhin als alternative Papstresidenz für Feste und zeremonielle Anlässe. Von 1564 bis 1797 gehörte er der Republik Venedig, später Österreich, ab 1916 dem italienischen Staat. Bis 1943 war er Regierungssitz von Mussolini. Heute beherbergt er das Institut für Archäologie und Kunstgeschichte und das **Museo di Palazzo Venezia**. Es zeigt seit 1945 in 58 Sälen Waffen, Gobelins, Gemälde, Skulpturen und Kleinbronzen; den Grundstock bildet die Sammlung des Gelehrten Athanasius Kircher (1602–1680). Zwei weitere Bauten sind zugehörig: Der **Palazzetto Venezia** ist eine Rekonstruktion der 1930er Jahre; das Original schloss als Gartenpalast den Corso ab und fiel 1909–11 dem Bau des Nationaldenkmals für Vittorio Emanuele II. zum Opfer. Zum anderen die Basilika **S. Marco**, die auf einen um 336 gegründeten Bau zurückgeht und als Palastkirche in teilweise neuen Bauformen in den Palast einbezogen wurde (1466–71). Viele Details weisen auf das hohe Alter des ursprünglichen Kirchenbaus hin: der Campanile aus dem 12. Jh., die im Kern erhalten gebliebene Grundstruktur der Säulenbasilika des 9. Jh.s, im Fußboden Reste von Cosmatenarbeiten des 13. Jh.s und das berühmte Apsismosaik aus dem 9. Jh. Die ursprüngliche topographische Situation dieser Gebäude an der **Piazza Venezia** ist heute wegen der Eingriffe für den Bau des Monuments für Vittorio Emanuele II. im 19. Jh. kaum mehr nachvollziehbar.

Il Gesù (II B5): Der Bau ist das religiöse Zentrum der 1540 von Ignatius von Loyola gegründeten Societas Jesu, der gegenreformatorisch tätigen Jesuiten. 1542 wies der Papst dem Orden die gotische Kirche S. Maria della Strada zu. Als Neubau wurde eine einschiffige, im Querhaus kurze Kreuzbasilika mit überhöhter Vierungskuppel realisiert (Giacomo Barozzi Vignola, 1568), mit einer Fassade von Giacomo della Porta. Il Gesù wurde zum Archetypus des längsgerichteten Vierungskuppelbaus im Barock. Der einheitlich wirkende Raum wird auch im Inneren von den Kuppeln der Vierung und der Apsis sowie dem gewaltigen Kuppeltambour bestimmt. An den Langhausseiten findet sich eine Kette kleinerer, miteinander verbundener Kapellen, die die Kirche nicht nur für große Messen, sondern auch für Versammlungen kleinerer Kongregationen und Vereine ausstattet. Die hochbarocke, überaus bunte Dekoration aus wertvollsten Materialien mindert den Raumeindruck stark; das mit Marmor und Alabaster ausgestattete Langhaus aus dem 19. Jh. ist zeittypisch gestaltet. Die wichtigsten Ausstattungsdetails: Fresken der Kuppel, des Langhausgewölbes und der Apsis (Giovanni Battista Baciccia, 1672–85); im rechten Arm des Querhauses Altar des hl. Franz Xaver (Pietro da Cortona u. a., 1669–78); im linken Arm des Querhauses Altar mit Grab des hl. Ignatius (Andrea Pozzo, 1696–1700); neoklassizistischer Hochaltar im Chor (Antonio Sarti, 1841–43); rechts daneben eine Büste des hl. Robert Bellarmin (Bernini, 1622). An die Kirche grenzt die **Casa Professa** (1599–1623), mit den einstigen Wohnräumen des hl. Ignatius und einem kleinen **Museum** über die Geschichte des Jesuitenordens.

Tempel am Largo Argentina (II B5): Die Reste von vier nebeneinander errichteten republikanischen Tempeln wurden 1926 entdeckt und wiederhergerichtet. Die Ausgrabungen sind für die Kenntnis des antiken Marsfeldes von erheblicher Bedeutung, da sich hier auf einer größeren Fläche die Möglichkeit ergibt, die antiken Bodenniveaus zeitlich bzw. historisch einzuordnen. Alle vier Tempelbauten – drei rechteckige Podiumstempel und ein Rundtempel – sind annähernd ost-west-orientiert und mit ihren Treppenfronten auf eine Platzanlage davor ausgerichtet. Sie sind keinem Kult zuzuordnen und werden von Nord nach Süd mit den Buchstaben A, B, C und D bezeichnet. Der älteste Tempel C (um 300 v. Chr.) erhebt sich auf einem hohen Tuffpodium; die geziegelte Cella und das weiße Fußbodenmosaik stammen von einer Restaurierung um 80, die weite Teile des kurz zuvor abgebrannten südlichen Marsfeldes betroffen hat und der auch das Travertinpflaster des Platzes angehört. Tempel A (frühes 3. Jh. v. Chr.) wurde mehrfach umgebaut, die erhaltenen Bauformen sind um 60 v. Chr. zu datieren. Der größte Tempel D (frühes 2. Jh. v. Chr.) wurde im späten 1. Jh. v. Chr. restauriert. Der Rundtempel (B) mit hohem Podium ist der jüngste der vier Bauten (spätes 2. Jh. v. Chr.). Die korinthischen Säulen bestehen im Schaft aus Tuff, die Basen und Kapitelle aus Travertin. Aus der Bauabfolge ergibt sich, dass die Tempel (die zugehörigen Altäre sind nicht ausgegraben) ursprünglich isoliert voneinander erbaut und erst um 180 v. Chr. auf einer Platzanlage zusammengefasst wurden. Dadurch wurde das Gelände stark erhöht, die Podien der Tempel entsprechend niedriger. Allein der Tempel B folgt dem nicht; er ist, als spätester Bau, auf diese neue Pflasterung gesetzt.

S. Andrea della Valle (II A5): Die Hauptkirche des 1540 vom hl. Kajetan gegründeten Theatinerordens erhebt sich als lichter, einschiffiger Bau mit zum Hauptschiff weit geöffneten Seitenkapellen über dem Grundriss eines lateinischen Kreuzes. Nach Entwürfen eines Theatinerpaters (wohl mit Giacomo della Porta, 1586) entstanden ab 1592 das Hauptschiff und die ersten vier Kapellen nächst dem Eingang (1599 geweiht), die nach dem Petersdom größte Kuppel in Rom (Carlo Maderno, 1622) und die als monumentale Schauwand gestaltete, statuarisch reich geschmückte Fassade (Carlo Rainaldi, 1656–65). Das opulente Interieur enthält wichtige Ausstattungsdetails: Wandmalereien des 17. Jh.s mit biblischen Themen in Kuppel, Chor und Apsis (Giovanni Lanfranco, 1625–28, und Domenichino, 1622–28); die Deckenmalereien des Längsschiffs entstanden erst 1905. Am Ende des Langhauses finden sich die Gräber der Päpste Pius II. (gest. 1464) und Pius III. (gest. 1503); sie wurden 1614 aus dem Petersdom hierher versetzt.

Palazzo della Cancelleria (II A5): Der Bau (1488 von unbekanntem Architekten begonnen; Bramante, 1499; Antonio da Sangallo d. J., 1514) gilt, zusammen mit dem älteren Palazzo Venezia und dem Palazzo Farnese, als die bedeutendste profane Renaissancearchitektur in Rom. Bauherr war Raffaele Riario, Neffe von Papst Sixtus IV., der wegen Teilnahme an der Verschwörung gegen Leo X. vom Vatikan enteignet wurde. Der ganz auf Repräsentation ausgerichtete Bau, ohne Reminiszenzen an Militärarchitektur, ist prägend für eine gewandelte Auffassung der Bauaufgabe. Der Baukörper ist nach außen hin klar in drei Geschosse gegliedert, mit dekorativ betontem Mittelgeschoss (Piano Nobile). Die Hauptfassade ist mit Travertin vom Kolosseum und vom Ehrenbogen des Kaisers Gordian verkleidet. Umschlossen wird ein großer Hof, zu dem sich die unteren beiden Geschosse in Rundbogenarkaden öffnen, während der 3. Stock geschlossene Backsteinwände mit untergliedernden Pilastern und kleinen Rundbogenfenstern aufweist. Das Hofportal (Domenico Fontana, 1589) hebt sich in frühbarocken Formen deutlich vom wuchtigen Renaissancestil des Baukörpers ab. Im 16. Jh. wohnte Alessandro Farnese hier; auf sein Geheiß soll Giorgio Vasari 1546 in nur 100 Tagen das manieristische Fresko in der (danach benannten) Sala dei Cento Giorni vollendet haben. Die Kurie nutzte den Palazzo als Verwaltungsbau; 1798/99 residierte hier die Regierung der Republik Rom; 1848 tagte hier das Revolutionsparlament. Ab 1870 war der Bau Sitz der Apostolischen Kanzlei; seit den Lateranverträgen wieder im Besitz des Vatikans. Die kleine Kirche **S. Lorenzo in Damaso**, auf das Jahr 380 zurückgehend, wurde umgestaltet in den Palast einbezogen (Bramante).

Der **Palazzo Spada** (II A6) wurde, im Stil des Manierismus, unter Kardinal Capodiferro 1549 errichtet (Zuschreibung auf Caravaggio strittig). 1632 erwarb Kardinal Bernardino Spada den Bau und ließ ihn umgestalten (Borromini u. a.). Der dreistöckige, helle Baukörper ruht auf einem als Rustikasockel ausgebildeten Erdgeschoss. Das Hauptgeschoss ist spektakulär mit Girlanden und Ranken in Stuck sowie plastischer Dekoration versehen: Statuen antik-römischer Kaiser und Heroen in den Nischen der Außenfassade, mythische Gestalten aus dem griechischen und römischen Pantheon in jenen der Hofseite (alles Imitate). An der Hofseite des Haupttraktes halten je zwei nackte Jünglinge die Wappen von Papst Paul III. und König Franz I. Die beiden Gartenflügel wurden von Borromini erbaut, ebenso die perspektivisch raffiniert gestaffelte **Kolonnade** (1653) als Verbindungsgang, die, von den Repräsentationssälen im Hauptgeschoss aus gesehen, in der engen Innenhofanlage eine üppige Raumtiefe vortäuscht. Im Inneren sind die manieristische Stuckatur und Malerei weitgehend erhalten: mythologische Szenen in der tonnenüberwölbten Galerie, allegorische Szenen in den Kassetten des großen Saals. Der Bau beherbergt heute den italienischen Staatsrat und die **Galleria Spada**. Sie zeigt die von Kardinal Spada und seinem Urenkel Fabrizio aufgebaute Gemäldesammlung, eine typische, auf Repräsentation und Ruhm der Besitzer abzielende Privatkollektion des 17. und frühen 18. Jh.s, u. a. mit Bildern von Rubens, Solimena, Tizian und Breughel d. Ä. Aus Geldmangel hatte der Besitzer im 19. Jh. Teile daraus verkauft. Als der Palazzo 1926 vom italienischen Staat erworben und die Galerie 1927 der Öffentlichkeit zugänglich gemacht wurde, wurde die Sammlung durch Rückkäufe weitgehend wieder vervollständigt. Ergänzt wird die Gemäldesammlung um eine Sammlung antiker Plastik, v. a. Porträts und Reliefs. Eine besondere Sehenswürdigkeit ist die **Loggia der Spadareliefs**: Acht antik-römische Reliefs und zwei weitere im Abguss (Originale in den Kapitolinischen Museen), mit z. T. entlegenen Themen aus der griechischen und römischen Mythologie, in Stil und Machart an die griechische Klassik anknüpfend, sind in die Wand eingelassen. Sie wurden bei Renovierungsarbeiten 1620 in der Nähe von S. Agnese gefunden und gehörten wohl zum Bildungsgut der Oberschicht des 1. und 2. Jh.s.

Piazza Farnese (II A6): Die große Platzanlage zieren zwei Brunnen – antike Wannen aus den Caracallathermen, aus ägyptischem Granit. Der **Palazzo Farnese** korrespondiert mit seinem Zugangsportal mit diesem Platz: Er bildet den Höhepunkt der weltlichen Renaissancearchitektur in Rom schlechthin. 1516 begonnen, wuchsen die Repräsentationsansprüche der Bauherren mit der Wahl Alessandro Farneses zum Papst (Paul III.) 1534 erheblich. Die Neuplanung übernahm Antonio da Sangallo d. J.; er führte den Bau bis zu seinem Tod 1546 bis zum 2. Geschoss aus. Michelangelo erweiterte die Planung um eine neue Tiberbrücke, die eine Verbindung zur Villa Farnesina ermöglichen sollte; sie wurde nicht realisiert. Nachfolger Michelangelos waren Vignola und Giacomo della Porta, der den Palazzo 1589 vollendete. Nach dem Tod Odoardo Farneses 1626 blieb der Palazzo wegen hoher Betriebskosten unbewohnt. Zwischenzeitlich residierte hier Christine von Schweden (1654–56), deren Gefolge im Erdgeschoss ein Casino und Wirtsstuben mit Prostitution betrieb und zahlreiche Einrichtungsgegenstände unter der Hand versilberte. Seit 1874 dient der Bau als Französische Botschaft sowie als Sitz der École Française de Rome. Der freistehende Baukörper, eine Seltenheit im engen Rom, ist zur Hauptseite und zu den Langseiten

Brunnen auf der Piazza Farnese: antike Wanne aus den Caracallathermen; dahinter: der Palazzo Farnese

hin als prachtvolle Repräsentationsarchitektur ausgestaltet, an der Rückseite hingegen als Gartenfront mit Porticus und Loggia in die Parkanlage einbezogen; er umschließt einen Innenhof. Die gut 45 m breite Hauptfassade besteht aus gelbem Backstein mit Gliederungselementen aus weißem Haustein; die Ecken sind durch Quader optisch betont. Die drei Geschosse sind an der Außenfassade durch massive Gesimse, an der Innenhofseite durch Superposition der Säulen voneinander abgegrenzt; die Fenster des Mittelgeschosses sind an der Außenseite als Ädikulen mit alternierenden Spitz- und Segmentgiebeln besonders herausgehoben (Fassadenmotiv des Pantheons). Das rustizierte, monumentale Portal (Michelangelo) führt in eine tonnenüberwölbte Durchfahrt, die mit Säulen- und Nischenarchitektur prunkvoll ausgeschmückt ist und auf den symmetrisch gestalteten Innenhof führt. Innenausstattung: großer Salon (Sala dei Fasti Farnesini) mit Fresken, die Szenen aus dem Pontifikat von Paul III. zeigen (1552–65); Studierzimmer (Camerino) mit Fresken der Herkulestaten (1595); große Galerie, durch Stuck und Fresken mit Szenen aus der antiken Mythologie zu einem der bedeutendsten Interieurs des Frühbarock ausgestaltet (Annibale und Agostino Carracci, Lanfranco und Domenichino, 1597–1604). Der Palazzo beherbergte einst die berühmte Antikensammlung der Farnese, die per Erbfolge an die Bourbonen fiel und heute in Neapel (Museo Nazionale) zu besichtigen ist.

S. Giovanni dei Fiorentini (Piazza dell'Oro): Die Basilika der Florentiner ist der Neubau einer beim Bau der Via Giulia im frühen 16. Jh. abgerissenen Kirche. Sie wurde unter Papst Leo X. (Medici) nach einem Entwurf von Jacopo Sansovino 1518 als moderner Zentralbau begonnen. 1521 verwarf Antonio da Sangallo d. J. auf Wunsch der Florentiner Kaufleute und Bankiers (Nazione Fiorentina) das ursprüngliche Konzept und plante einen konservativ basilikalen Langbau. Nach dem Tod Sangallos 1549 wurden die Arbeiten erst 1583 mit erneut geänderten Plänen weitergeführt (Giacomo della Porta); anstelle eines Zentralchors wurde ein Querhaus mit Chor gesetzt, was dem Grundriss eine beinahe quadratische Rechteckform mit monumentaler Vierungskuppel (Carlo Maderno, 1614) gibt. Ein massives horizontales Gesims zerteilt die Fassade mit Säulen und Pilastern in zwei Geschosse (Alessandro Galilei, 1733/34). Im Inneren dominiert die hochbarocke Ausstattung der Apsis (Pietro da Cortona); unter dem Chor ist die **Grabkapelle der Falconieri** (Borromini) zu sehen, ein ovaler Raum von knapp 10 m Länge.

Hauptachse dieses Bezirkes ist die Via del Corso, die der antiken Trasse der Via Flaminia nach Norden folgt. Das heute dichtest besiedelte Quartier zwischen Fluss und Quirinal (s. auch das folgende Kapitel »Von der Piazza del Popolo über die Spanische Treppe zur Via XX Settembre«) ist geprägt von einem Nebeneinander kleinbürgerlicher Mietshäuser und raumgreifender Palazzi, von Kleingewerbe in den Seitenstraßen und den namhaften Geschäften am ›Corso‹ bzw. an der Via Condotti, von sich überraschend im Häuserlabyrinth auftuenden Piazze, Kirchenbauten und einigen antiken Ruinen. Der chaotische Verkehr wird durch neue Fußgängerzonen kaum gebändigt.

Palazzo Colonna (II C4/5): Der umfangreiche Baukomplex, bis heute im Besitz der Colonna, wurde unter Oddone Colonna im frühen 15. Jh. auf älteren Strukturen begonnen; vom 17. bis 19. Jh. erfolgten verschiedentliche Veränderungen. Es entstand über die Zeit eine sehenswerte Reihe von Innenhöfen, deren Ausstattungen einen guten Überblick über gestalterische Konzepte von der Spätrenaissance bis in den Hochbarock erlauben. Die Innenausstattung (Fresken um 1680) ist thematisch geprägt von Marcantonio Colonna und dessen berühmtem Sieg in der Seeschlacht von Lepanto (1571). Der Palazzo beherbergt die **Galleria Colonna**. Diese beeindruckende Raumflucht mit dem großen, tonnenüberwölbten Saal im Zentrum ist kostbar mit Marmorfußböden, venezianischen Spiegeln und Kronleuchtern ausgestattet. Sie birgt eine opulente Gemälde- und Skulpturensammlung, die zu großen Teilen auf Lorenzo Onofrio Colonna (1637–1689) zurückgeht. Neben antiker und antikisierender Plastik und kunstvoll-symmetrisch an den Wänden angebrachten Gemälden (u. a. Rubens, da Cortona, van Dyck und Tintoretto) ist das bedeutendste Exponat die Seekarte, die Marcantonio Colonna während besagter Seeschlacht benutzte. Der Palazzo ist durch eine Brücke mit der benachbarten **Villa Colonna** verbunden, die sich am Hang des Quirinals über einem antiken Tempel aus dem späten 2. Jh. erhebt (zugänglich über die Via XXIV Maggio). Inkorporiert ist die Kirche **SS. Apostoli** (6. Jh.). Sie wurde unter Beibehaltung älterer Trakte 1702–24 neu erbaut und 1827 klassizistisch umgestaltet (Giuseppe Valadier). Die dreischiffige Basilika ziert ein Deckenfresko aus dem frühen 18. Jh. Unter den zahlreichen Grablegen ist die für Papst Clemens XIV. am bedeutendsten (Frühwerk Antonio Canovas, 1783–87).

Palazzo Doria Pamphili (II C5): Der im Kern aus dem 15. Jh. stammende Bau ist der größte aller stadtrömischen Paläste – er erstreckt sich über ein gesamtes Stadtviertel. Nach mehreren Besitzerwechseln kam er durch Heirat 1647 in den Besitz der Familie Pamphili, dann in den der Familie Doria. Bis zum 18. Jh. wurden dann umfangreiche Umbauten durchgeführt. Bedeutend ist die zum Corso gewandte, harmonisch proportionierte vierstöckige Barockfassade mit den vielen reich verzierten, schmalen Fenstern (Gabriele Valvassori, 1731–34). Das Piano Nobile des Palastes ist reichhaltigst ausgestattet; den tonnenüberwölbten Spiegelsaal mit Herkulestaten in den Deckenfresken zieren neben den vergoldeten Spiegeln antike bzw. antikisierende Statuen. Der öffentlich zugängliche Palazzo birgt im Kern die **Galleria Doria Pamphili**. Die qualitätvolle private Gemäldesammlung wurde von Camillo Pamphili um 1650 begonnen und umfasst Bilder aus dem 16.–18. Jh., u. a. von Tizian, Breughel d. Ä., Caravaggio, Lorrain, Solimena und Velázquez. Sie sind in der typischen Art der Galeriehängung des 17. und 18. Jh.s präsentiert: Akkurat symmetrisch hängen bis hinauf zum Deckenansatz bis zu vier Gemälde übereinander.

S. Maria in Via Lata (II C5): Die dreischiffige Basilika ist eine frühmittelalterliche Gründung und erhebt sich über den antiken Ruinen einer wohl unter Kaiser Hadrian im 2. Jh. erbauten Porticus. Ein Bau des 11. Jh.s wurde 1490–1506 ersetzt; der Neubau wurde um 1680 barockisiert. Bedeutend ist die fast plastisch ausgebildete doppelgeschossige Fassade mit ihrer hohen Loggia im Obergeschoss (Spätwerk Pietro da Cortonas, um 1660). Im Inneren sind in Teilen des Fußbodens Cosmatenarbeiten erhalten, im 6. Joch des Seitenschiffes finden sich Gräber der Familie Bonaparte. Von der Vorhalle aus ist die im Kern mittelalterliche Unterkirche (Oratorium) erreichbar, die ebenfalls von Pietro da Cortona umgestaltet wurde. Die Reste von Fresken des 8.–10. Jh.s sind Reproduktionen (die restaurierten Originale befinden sich in der Crypta Balbi).

S. Maria sopra Minerva (II B5): Die Hauptkirche der Dominikaner verdankt ihren Namen der Fehlannahme, sie sei über den Ruinen des Minervatempels errichtet worden. Tatsächlich erhebt sich der Bau über den Resten der Platzanlage Saepta Julia, auf der in republikanischer Zeit Wahlen stattfanden und die unter Augustus (reg. 27 v. Chr. – 14 n. Chr.) zu einer Marktanlage umgewandelt wurde. Die Kirche entstand seit 1280 zeitgleich mit der Dominikanerkirche in Florenz (wohl unter Beteiligung der gleichen Architekten) als dreischiffige Pfeilerbasilika; die Kreuzgratgewölbe waren im römischen Kirchenbau insofern eine Pioniertat, als sie seit dem Bau der Maxentius-Basilika im 4. Jh. die ersten von solcher Dimension waren. S. Maria war bis zu ihrer Barockisierung (Carlo Maderno, frühes 17. Jh.) die einzige gotische Kirche Roms. Durch eine weitere Restaurierung Mitte des 19. Jh.s erhielt sie ihr gänzlich neogotisches Gepräge, u. a. durch Umbildung der Fenster, das Einfügen der Rippen in die Grate der Gewölbe, die Vergoldungen und die gotisierenden Malereien. In der Kirche und den seit 1540 erbauten Kapellen finden sich zahlreiche hochrepräsentative Grablegen. Hervorzuheben ist die **Cappella Carafa** (Stirnwand rechter Querhausarm) mit bedeutenden Fresken des Florentiner Malers Filippino Lippi, begonnen 1488, und die **Cappella Aldobrandini** (6. Kapelle rechtes Seitenschiff) mit ihrer klar gegliederten Architektur, den pompösen Grabdenkmälern und der illusionistischen Deckenmalerei. Links neben dem Hochaltar ist die vielgerühmte Statue *Christus mit dem Kreuz* (Michelangelo, 1519–21) zu finden; das Körperideal des antiken Helden wird mit christlicher Motivik verschmolzen. Der **Konvent** der Kirche wurde berühmt, weil hier 1633 der Prozess gegen Galileo Galilei stattfand. Vor der Kirche erhebt sich der **›Elefanten-Obelisk‹**: ein im Garten des Konvents gefundener ägyptischer Obelisk des 6. Jh.s v. Chr. mit Weihinschrift für Isis, der 1677 auf einen von Bernini entworfenen Elefanten montiert wurde.

Das **Pantheon** (II B4), Heiligtum für »alle Götter«, geht auf den Schwiegersohn des Augustus, Marcus Agrippa, zurück, der hier, in der Nähe seiner heute nicht mehr erhaltenen Thermenanlage, 27–25 v. Chr. ein offenes Hofheiligtum errichtete; es brannte im Jahr 80 nieder. An gleicher Stelle wurde 125 unter Kaiser Hadrian der großartigste Rundkuppelbau der Antike erbaut; die Architravinschrift nimmt auf das alte Agrippa-Pantheon Bezug. 608 schenkte Kaiser Phokas den Bau Papst Bonifaz IV., ein Jahr später wurde er dann zur Kirche S. Maria ad Martyres umgewandelt: Der urheidnische Bau wurde christlich sakralisiert, indem man 28 Wagenladungen Märtyrergebeine in ihm bestattete. 655 wurden die vergoldeten Bronzedachziegel geraubt; erst 735 wurden sie durch Bleiplatten ersetzt. Aus dem von Papst Urban VIII. 1632 demontierten antiken Bronzebeschlag der Holzbalkendecke der Vorhalle entstanden 80 neue Kanonen für die Engelsburg. Seit dem 16. Jh. diente das Pantheon auch als Grabstätte: Prominente Künstler wie Raffael (1520) oder Baldassare Peruzzi (1536) wurden hier ebenso beigesetzt wie Mitglieder des italienischen Königshauses aus dem 19. und 20. Jh. Das Pantheon repräsentiert das

Idealkonzept eines überkuppelten Rundbaus: Grundrissdurchmesser und Höhe der Kuppel sind mit etwa 43,30 m identisch dimensioniert. Der Bau besteht in seinem Kern aus Gusszement, einem in Holzverschalungen weitgehend frei formbaren Baumaterial. Die Kuppel, deren Gewicht auf den doppelwandigen, mit Entlastungsbögen versehenen Tambour abgeleitet ist, wurde in getrennten Abschnitten gegossen, wobei dem Mörtel zur Gewichtsreduzierung nach oben hin zunehmend Tuff und Bimsstein zugesetzt wurde. Die von innen mit fünf Reihen von je 28 Kassetten verkleidete Kuppel endet in einem Opaion von etwa 9 m Durchmesser, durch das der Innenraum beleuchtet wird. Im heutigen Stadtbild ist das freistehende Pantheon äußerlich klar als ein Rundbau mit Kuppel zu erkennen, in der Antike war dies jedoch anders. Eng eingeschlossen von benachbarter Architektur, war das prägende Element die drei Joche tiefe Vorhalle, die in ihrer Front aus acht korinthischen Säulen mit Architrav und Giebel darüber bestand; die Kuppel war nicht zu sehen. Wer davor stand, wähnte sich vor einem Ringhallentempel und war umso verblüffter, wenn er eintrat. Dort war der Zementkern überreich mit Buntmarmor verblendet. Weitgehend antik sind der Fußbodenbelag und die architektonische Struktur der unteren Wandzone bis einschließlich des rötlichen Porphyrfrieses; das Gesims darüber und die obere Wandzone bis zum Kuppelansatz entstammen einer Umgestaltung von 1747. Der runde Baukörper ist innen als Oktogon aufgefasst, wobei drei runde und vier eckige Exedren alternieren, in denen in der Antike wohl Götterstatuen standen; in der nachantiken Nutzung als Kirche entstanden hier diverse Kapellen und Grablegen.

Auf der Piazza della Rotonda erhebt sich auf einem Brunnen von Giacomo della Porta ein **Obelisk**, der 1374 beim Bau von S. Maria sopra Minerva zutage getreten ist und zunächst auf der Piazza Macuta gestanden hat; 1711 wurde er im Zuge der Renovierung des Pantheons hier aufgestellt. Die Hieroglyphen rühmen Pharao Ramses II. (1298–1213 v. Chr.).

S. Ivo alla Sapienza (II A5): Eingefügt in das Geviert des 1630 vollendeten Palazzo della Sapienza, des Neubaus der 1303 gegründeten päpstlichen Universität Roms, erhebt sich als östlicher Abschluss des Innenhofes der dem Schutzpatron der Juristen geweihte Zentralbau S. Ivo (Borromini, 1642–60). Die eingeschwungene zweigeschossige Fassade folgt der Vorgabe der etwas früher entstandenen Hofumfassung und schließt mit einer Attika ab, auf der sich zwei Ziertürme erheben. Der Grundriss des Baus ist mit raffinierten alternierenden, konvexen und konkaven Wölbungen auf zwei imaginären gleichseitigen Dreiecken angelegt – eine Konzeption, die erst im Inneren richtig zur Geltung kommt. Die aus gewölbten Segmenten gebildete Kuppel mit Stuckrippen und sechs Fenstern endet in der Laterne, auf der sich ein markanter Spiralturm mit vier Windungen erhebt, bekrönt von einer goldfarbenen Kugel. Die Kirche ist nur sonntagvormittags zur Messe zugänglich.

Palazzo Massimo (II A5): Das Innere des Palazzo (Baldassare Peruzzi, ab 1532) umfasst originale Fresken und Stuckaturen des 16. Jh.s in sehr gutem Erhaltungszustand sowie den berühmten Ägyptischen Saal aus der Zeit der Ägyptomanie um 1800. Zwei Hauskomplexe (12. Jh.) der Familie Massimo fügen sich zu einer Einheit zusammen, die als Musterstück manieristischer Architektur gilt. Die Auflockerung der geometrischen Grundformen der Renaissancebauten, die Fassadenkrümmung sowie abwechslungsreich gestaltete Fensterrahmungen sind Merkmale dieser ›Übergangsarchitektur‹ zwischen Renaissance und Barock. Hierzu gehört auch die Vortäuschung einer Vierstöckigkeit an der Frontseite, denn tatsächlich ist der Bau dreistöckig, erkennbar an den Hofseiten. Die konvexe Fassade rührt daher, dass die Fundamentstrukturen eines unter Kaiser Domitian im späten 1. Jh. errichteten Odeions aufgegriffen wurden. Aufgrund der Einbindung von Säulen und Pilastern im Erdgeschoss wird der Bau auch ›Säulenpalast‹ genannt. Eine Porticus mit sechs dorisch-toskanischen Säulen und Architrav darüber markiert den Hauptzugang. Der Besucher gelangt durch einen tonnengewölbten Gang in den ersten Hof, über den eine prachtvoll dekorierte Loggia zugänglich ist. In der Mitte befindet sich ein mit antiken Fragmenten ausgestattetes Nymphäum (Giovanni Battista Solari, um 1620). Ein weiterer Gang führt in einen zweiten Innenhof, der an den benachbarten **Palazzo Istoriato** grenzt; dort stehen monochrome Granitsäulen aus einem einst nahe gelegenen Isisheiligtum.

Der **Palazzo Braschi** (II A5), 1792 von Cosimo Morelli für einen Neffen des Papstes Pius VI. Braschi erbaut, trägt äußerlich betrachtet schon neoklassizistische Züge; der Baukörper ist aber noch der Tradition des barocken Stadtpalastes verpflichtet. Charakteristisch sind der geräumige Innenhof und die repräsentative Treppenanlage mit Vestibül (1804). Hier befindet sich das stadtgeschichtliche **Museo di Roma**, mit zahlreichen Stichen, Gemälden und Zeichnungen, die Einblicke in die Geschichte Roms geben. Größtes Exponat ist ein Eisenbahnzug für Pius IX. (1860). An der zur Piazza di Pasquino weisenden Ecke steht die Pasquinostatue, ein Torso aus hellenistischer Zeit (wohl spätes 2. Jh. v. Chr.). Wegen der am Sockel angebrachten satirischen Texte (Pasquinate) wurde er ab dem 16. Jh. als ›sprechende Statue‹ bezeichnet.

♦ **Piazza Navona** (II A4/5): Der Grundriss der Piazza spiegelt mit 275 × 106 m exakt die Dimensionen des antiken **Domitianstadions**, das der römische Kaiser im späten 1. Jh. erbauen ließ. Geringe Reste der antiken Architektur sind unter dem Haus an der Piazza di Tor Sanguigna 12–13 und in der Via Zanardelli sichtbar. Ausgestaltet wurde die Piazza Navona unter Papst Innozenz X. (um 1650). Der rahmende Häuserkranz erhält seine Akzente durch drei Baukomplexe: **S. Agnese in**

Die Piazza Navona bewahrt den Grundriss des Domitianstadions aus dem 1. Jh.

Agone erhebt sich an der westlichen Langseite über einem Grundriss in Form des griechischen Kreuzes an der Stelle, wo die hl. Agnes ihren Märtyrertod gefunden haben soll; markant sind die Fassade mit ihren beiden hohen Türmen seitlich des Portals, die hochaufragende Kuppel und das prachtvolle Barockinterieur (Borromini, 1654). Unmittelbar links der Kirche erstreckt sich der **Palazzo Pamphili**, die Stadtresidenz von Innozenz X. (Papst 1644–55): Ältere Stadthäuser vereinigen sich hier zu einem Großpalast mit repräsentativer, viergeschossiger Fassade; er beherbergt heute die brasilianische Botschaft. Für beide Bauten zeichneten Carlo und Girolamo Rainaldi verantwortlich. Die ehemalige Nationalkirche der Spanier **Nostra Signora del Sacro Cuore** (15. Jh.), an der östlichen Langseite des Platzes, ist mit ihrer dreigeteilten Fassade recht geschickt in die umgebende Bebauung eingefügt. Vielbesuchter Mittelpunkt der Piazza sind die drei von Bernini entworfenen Brunnenanlagen. Das Zentrum nimmt die mächtige **Fontana dei Fiumi** als Monument der Verherrlichung der Amtszeit von Innozenz X. ein (ab 1648). Auf den vier Ecken eines felsenartig gestalteten Travertinblocks lagern Personifikationen der Flüsse von vier Kontinenten: Nil, Ganges, Donau und Rio de la Plata verschmelzen hier förmlich mit Rom, dem Mittelpunkt der Welt und Zentrum päpstlicher Macht. Die Skulpturen stammen wohl von Bernini-Schülern. Den Brunnen schließt der **Krönungsobelisk** für Kaiser Domitian aus dem Jahr 81 ab, an dessen Spitze eine Taube mit Ölzweig (Wappentier von Papst Innozenz X.) angebracht ist. Die **Fontana del Moro** (Giovanni Antonio Mari, 1654), gegenüber dem Palazzo Pamphili, hat im Norden des Platzes ihr symmetrisches Gegenstück, die **Fontana del Nettuno** (1878).

Chiesa Nuova (**S. Maria in Vallicella**, Piazza della Chiesa Nuova): Ein um 1150 gegründeter Bau, berühmt wegen eines wundertätigen Marienbildes, war verfallen, als 1575 der Grundstein gelegt wurde für den von der Bruderschaft des hl. Filippo Neri initiierten bedeutenden barocken Neubau. Zunächst einschiffig geplant, wurde er auf drei Schiffe erweitert (Martino Longhi d. Ä., 1585–99). Die Fassade stammt von Fausto Rughesi (1605). Zutaten des 17. Jh.s sind die beiden Kapellen sowie das benachbarte **Oratorio dei Filippini** mit seiner spektakulären Barockfassade in gelbem Backstein und dem noch heute genutzten Konzertsaal Sala Borromini (Francesco Borromini, 1637–50). Der monumentale Innenraum der kreuzförmigen Basilika ist reich mit Fresken geschmückt (Pietro da Cortona, 1647–65): *Mariä Himmelfahrt* (Apsis), *Dreifaltigkeit* (Kuppel) und *Maria verhindert den Einsturz der alten Kirche* (Langhaus). In der Kapelle des hl. Filippo Neri werden unter dem Altar dessen Reliquien verwahrt. Der Hochaltar weist drei auf Schiefer gemalte Bilder auf (Frühwerke Peter Paul Rubens', 1607/08): Mitteltafel mit dem Gnadenbild der Madonna, links der hl.

Gregor mit den hll. Maurus und Papianus, rechts die hl. Domitilla mit den hll. Nereus und Achilleus.

S. Maria dell'Anima (II A 4): 1499–1525 wurde eine private Hospizstiftung des späten 14. Jh.s durch einen Neubau der deutschen Bruderschaft ersetzt. Die angegliederte Kirche eines vermutlich deutschen Architekten ist heute deutsche katholische Nationalkirche, verbunden mit dem zugehörigen Priesterkolleg und dem Pilgerhospiz Collegio Teutonico di S. Maria dell'Anima. Der dreischiffige Bau wird von quadratischen, die Gewölbe tragenden Pfeilern gegliedert. Die Innengestaltung wurde 1842–44 erneuert und mit Gewölbemalereien versehen (Ludwig Seitz, 1874/75). Die Kapellen sind überwiegend mit deutschen Klerikern, Herrschern und Stiftern wie Fuggern und Welsern verbunden. Sehenswert sind die Grabmäler von Papst Hadrian VI. (Baldassare Peruzzi, 1523) rechts im Chor, Adriaen Vryburgh (1628) am 3. rechten Pfeiler des Langhauses und Ferdinand van den Eynden (1633) am Pfeiler gegenüber (beides François Duquesnoy).

S. Maria della Pace (II A4) wurde anlässlich des Friedensschlusses mit Mailand, Neapel und Florenz durch Papst Sixtus IV. prunkvoll ausgebaut (ab 1482). Kardinal Oliviero Carafa ließ den zweigeschossigen angrenzenden **Kreuzgang** errichten: Er ist das erste gesicherte Werk Donato Bramantes in Rom (1500–04). Carlo Maderno gestaltete die Altar-Apsis (ab 1611). Späteste Elemente sind die Innenstuckaturen, die bewegt geschwungene Barockfassade und die den gesamten Platz vereinheitlichenden Fassaden der umgebenden Häuser (Pietro da Cortona, 1655–57). Im Inneren sind drei Kapellen sehenswert: Die **Cappella Chigi** (erste rechts) entstand im Auftrag des Kaufmanns Agostino Chigi aus Siena, mit sehenswerten Fresken über dem Bogen zur Kapelle (Sibyllen von Raffael, Rest wohl von dessen Schülern, 1514); die **Cappella Ponzetti** (erste links) ist in ihrer Ausstattung ein Gesamtkunstwerk von

Baldassare Peruzzi (1516/17); die **Cappella Cesi** (zweite rechts) mit dem Grabmal der Francesca Carduli Cesi ist reich mit Marmor ausstaffiert (Antonio da Sangallo d. J., 1518).

Palazzo Altemps (II A4): Dieser festungsartige Palazzo mit hohem Turm wurde 1480 im Auftrag von Girolamo Riario begonnen und 1520 durch die Spanische Krone als Botschaftssitz angemietet und mit dem bemerkenswerten Innenhof samt umlaufender Loggia fertiggestellt. 1568 erwarb ihn Kardinal Mark Sittich von Hohenems (italienisiert ›Altemps‹). Sein Sohn Wolfgang nahm hier Quartier und schuf einen prachtvoll ausgestatteten, mit einem Theater versehenen Bau, dessen ›Goldene Zeit‹ in der 1. Hälfte des 17. Jh.s lag, als sich hier der römische Adel zu Theater und Konzerten traf. 1887 ging der Palast an den Heiligen Stuhl über; dieser vermietete ihn an Akademien, Schulen und Kollegien, was, den neuen Funktionen geschuldet, erhebliche Umbauten mit sich brachte. 1982 an den italienischen Staat verkauft, wurde der Palazzo umfassend renoviert und dient heute als Museum für antike Kunst (Museo Nazionale Romano; s. S. 197).

S. Agostino (II A4): Eine erste Kirche wurde hier 1286 von Augustiner-Eremiten zusammen mit einer Klosteranlage erbaut. Den zweiten Bau (von etwa 1480) gestaltete Luigi Vanvitelli, der bereits 1746 die Sakristei hinzugefügt hatte, 1756–63 in barocker Manier um. Die Renaissancefassade mit Pilastergliederung und Überhöhung des Mittelteils ähnelt der von S. Maria del Popolo. Der dreischiffige Kirchenraum selbst wirkt mit dem hohen, schmalen Mittelschiff und der massiven Abtrennung des Obergadens beinahe romanisch. Die bedeutende Ausstattung zeigt u. a. ein Fresko mit Darstellung des Propheten Jesaja (Raffael, 1511), die *Madonna dei Pellegrini* (Caravaggio, um 1605) sowie die *Madonna del Parto*, ein Hauptwerk der Renaissanceskulptur (Jacopo Sansovino, 1518–21). Rechts neben der Kirche befindet sich die **Biblioteca**

Angelica (gegründet 1614) mit einer wertvollen Handschriftensammlung.

Der **Palazzo Madama** (II A4), seit 1505 in Besitz der Familie Medici, ist benannt nach ›Madama‹ Margarethe von Österreich (1522–1586), die während ihrer Ehe mit Alessandro de Medici zeitweise hier wohnte. Der ursprünglich recht kleine Bau wurde verschiedentlich erweitert. Seit 1871 hat der italienische Senat hier seinen Sitz; ein 1880 von Cesare Maccari gefertigter Freskenzyklus schildert die Geschichte des römischen Senats in Antike und Gegenwart.

S. Luigi dei Francesi (II A4): Die französische Nationalkirche wurde 1518–24 als Zentralbau begonnen, 1530–89 dann aber als dreischiffige Basilika realisiert (Giovanni Mangone u. a.). Die dekorative Innenausstattung wurde im späten 18. Jh. hinzugefügt. Bedeutend sind drei Tafelbilder Caravaggios in der Cappella Contarelli (5. Kapelle linkes Seitenschiff), die in ihrem Zentrum das Grab des Kardinals Mathieu Cointrel (gest. 1585), eines wichtigen Mäzens des Kirchenbaus, enthält. *Berufung*, *Inspiration* und *Martyrium des Apostels Matthäus* gelten als Meisterwerke; Caravaggio setzte hier erstmalig seine dramatische, realistische, mit Licht und Schatten virtuos spielende Bildinszenierung um.

S. Ignacio (II B4): Den Bauwettbewerb für die nach Il Gesù zweite Jesuitenkirche Roms gewann 1626, vier Jahre nach der Heiligsprechung des Ordensgründers Ignatius von Loyola, der Jesuitenpater Orazio Grassi, Professor der Mathematik und Astronomie. Die Kirche wurde 1694 vollendet und 1722 geweiht. Der weitgespannte Innenraum wirkt harmonisch proportioniert, die Seitenkapellen sind untereinander verbunden. Bedeutend sind die opulenten, figurenreichen Fresken (Andrea Pozzo, 1694), vielbestaunt ist der perspektivische Illusionismus der *Apotheose des Ignatius*, die sich über die gesamten 750 m² der Mittelschiff-Decke erstreckt und die geplante, aber nicht gebaute Kuppel in illusionistischer Malerei nachvollzieht. Eine Marmorscheibe im Fußboden markiert den Punkt, von dem aus die perspektivische Wirkung am eindrucksvollsten ist. Die Fassade fügt sich harmonisch in die um 1700 entstandene Hausbebauung (Filippo Raguzzini) ein, die die gesamte **Piazza S. Ignacio** noch heute prägt.

Hadrianeum (II B4): Der monumentale Tempel für den vergöttlichten Kaiser Hadrian wurde 145 geweiht und galt lange Zeit irrig als Neptuntempel. Auf einem etwa 4 m hohen, massiven Podium erhob sich der Bau einst mit seinen acht korinthischen Säulen an der Front und 15 an den Langseiten. Zugänglich war er von Osten über eine große Freitreppe, an die sich Säulenhallen anschlossen. Erhalten hat sich ein großer Teil der nördlichen Langseite; elf korinthische Säulen sind dekorativ in das 1879–82 erbaute Börsengebäude (Virginio Vespignani) integriert und verleihen dem klassizistischen Bau antike Authentizität.

S. Maria Maddalena (II B4): Die Klosterkirche der Kamillianer (Carlo Fontana, ab 1673), mit konkav bewegter, plastisch ausgeformter zweigeschossiger Fassade (Architekt umstritten, 1735), ist im Innern einschiffig und um flache Seitenkapellen erweitert. Das prächtige, luftig-leichte Interieur ist ein Gesamtkunstwerk des frühen Rokoko. Zu erwähnen sind die Deckenfresken mit der *Auferweckung des Lazarus* und der Orgelprospekt über der Eingangsseite (Johann Konrad Werle, 1735).

Piazza Colonna (II B4): Der Platz war einst Areal der *ustrina* (Stellen, an denen die Leichen römischer Kaiser verbrannt wurden); von ihnen haben sich nur geringe Reste erhalten; nachgewiesen sind die *ustrina* des Augustus, des Hadrian und des Antoninus Pius sowie zwei unter Hadrian und Marc Aurel erbaute Tempel (alles 1. und 2. Jh.). Heute bestimmt allein die **Marc-Aurel-Säule** das Bild des Platzes. Dieses Ehrenmonument für Kaiser Marc Aurel wurde 180 postum vom Senat beschlossen und 196 vollendet. Den 29,60 m (100 Fuß) hohen Säulenschaft aus Carraramarmor, mit Wendeltreppe im Inneren, zierte einst ein Reiterstandbild des Kaisers (verschollen); seit 1589 bekrönt eine Bronzestatue des Apostels Paulus (Domenico Fontana) die Säule. Formal ähnelt die Marcussäule der Trajanssäule, aber sie ist nicht wie diese ein Grabmonument, und auch stilistisch und inhaltlich gibt es Unterschiede: Die Trajanssäule zeigt den ungebrochenen Optimismus der römischen Offensivkriege, in deren Folge das Imperium Romanum seine größte Ausdehnung erreichte, in flachem, klassizistischem Relief; die Spiralreliefs der Marcussäule schildern, in tief eingekerbtem, mit Licht und Schatten beinahe expressiv spielendem Relief, die ersten verbittert geführten Defensivkriege gegen Markomannen und Sarmaten, die den beginnenden Zerfall des Reiches markierten. Im Süden der Piazza befindet sich die kleine Kirche **S. Maria della Pietà** aus dem 16. Jh. Der fünfgeschossige **Palazzo Chigi** im Norden ist das Ergebnis einer um 1580 erfolgten Zusammenfügung mehrerer Stadthäuser; heute dient er u. a. als Amtssitz des italienischen Ministerpräsidenten. Im Westen erhebt sich der **Palazzo Wedekind** (17. Jh.), der 1815 unter Verwendung antiker Säulen aus Veji neu gestaltet wurde; er ist nach der dort im 19. Jh. ansässigen deutschen Privatbank benannt und heute Redaktionssitz der Zeitung *Il Tempo*.

Der **Palazzo di Montecitorio** (II B3/4) wurde von Bernini 1650 für Papst Innozenz X. entworfen und 1694 von Carlo Fontana für Innozenz XII., mit Veränderungen am Portal und Hinzufügung des Campanile, vollendet. Er diente bis ins 19. Jh. als päpstlicher Gerichtshof. Die dekorativ geschwungene, dreigeschossige Barockfassade wird von den in fünf Abschnitte gegliederten Fensterachsen und der markant ausgearbeiteten Mittelachse mit dem Hauptportal, der sich darüber risalitartig erhebenden Ausformung und dem Uhrenturm in der Attika dominiert. Als der Bau 1871 Sitz der italienischen Abgeordnetenkammer wurde, gestaltete man das barocke Innere vollständig um; die Malereien im Sitzungssaal sowie die Jugendstilfassade an der zur Piazza del Parlamento weisenden Rückseite entstanden im frühen 20. Jh. Auf der **Piazza di Montecitori** erhebt sich ein **Obelisk des Pharaos Psammetich** (reg. 594–589 v. Chr.), der 10 v. Chr. nach Rom verbracht und als Zeiger der Sonnenuhr des Augustus (reg. 27 v. Chr. – 14 n. Chr.) auf dem Marsfeld Verwendung fand. Er wurde 1748 entdeckt – er war in vier Teile zerbrochen – und undokumentiert ausgegraben. Unter Hinzufügung von Fragmenten der Ehrensäule für Kaiser Antoninus Pius (2. Jh.) wurde er 1792 hier aufgestellt.

Piazza di Trevi: Die kleine Piazza wird gleichermaßen geprägt von der Fassade der Kirche **SS. Vincenzo e Anastasio** (frühes 13. Jh.) und der – unmittelbar neben einer antiken Wasserleitung, der unter Agrippa 19 v. Chr. erbauten **Aqua Virgo** gelegenen (Überreste in der Via del Nazareno) – grandiosen **Fontana di Trevi** (II C4). Anlässlich der Wiederherstellung der Aqua Virgo wurde 1640 ein Becken erstellt (Bernini, Aufbauten blieben unrealisiert). 1732–62 wurde der heute sichtbare Brunnen von Nicola Salvi gestaltet: Etwa 20 m breit und 26 m hoch, bildet der Prospekt einen dreitorigen römischen Triumphbogen nach. Vier korinthische Halbsäulen ›tragen‹ eine Attika mit Reliefs der vier Jahreszeiten. Anstelle der Durchgänge befinden sich unten seitlich rechteckige Nischen mit allegorischen Skulpturen (*Der Überfluss* links, *Die Heilkraft* rechts), in der Mitte eine überkuppelte Rundnische. Hier erhebt sich das Gespann des antiken Meeresgottes Neptun, zu dessen Füßen das Wasser in das Becken strömt, umgeben von Tritonen inmitten einer kunstvoll-real gestalteten Klippenlandschaft. Die Anlage ist symmetrisch an die Rückwand des **Palazzo Poli** gebaut, die das architektonische Motiv des dreijochigen Bogens mit je drei kolossalen korinthischen Pilastern fortsetzt und rahmt.

S. Andrea delle Fratte (II C3): Der in der 1. Hälfte des 17. Jh.s begonnene Kirchenbau wurde ab 1653 von Borromini in originellen Bauformen als einschiffiger, an Il Gesù orientierter Bau vollendet; bemerkenswert sind der turmartige Kuppeltambour (Kuppel fehlt) und der geschwungene Campanile. Die Kirche ist auch wegen der zahlreichen hier bestatteten Künstler von Bedeutung (u. a. Angelika Kauffmann, Rudolf Schadow und Friedrich Müller). Die beiden Marmorengel, seit 1826 neben dem Choreingang, stammen von Bernini (1667–69 für den zur Engelsburg führenden Ponte S. Angelo geschaffen; dort nun Kopien).

Piazza di Spagna und **Spanische Treppe**: s. S. 94.

Palazzo Borghese (II B3): Der Bau wurde um 1560 begonnen, im späten 16. Jh. von Martino Longhi d. Ä. umgestaltet, unfertig 1604 von Camillo Borghese erworben und erst 1670 unter Carlo Rainaldi abgeschlossen; erst unter ihm wurden der Gartenhof und der zur Via di Ripetta gelegene Flügel fertiggestellt. Aufgrund des unregelmäßig geschwungenen Grundrisses ›Cembalo‹ genannt, umschließt die Anlage einen langrechteckigen Innenhof; die weit ausschwingende Hauptfassade bildet dabei den Korpus, die Tiberfassade die Tastatur. Der dreigeschossige Baukörper wirkt nach außen monumental. Drei Hofseiten sind von doppelgeschossigen Arkaden umgeben; an der Rückseite gibt eine offene Doppelloggia den Blick in den fast ländlich-idyllischen Gartenhof mit drei Brunnen frei, der einst einen Teil der bedeutenden Antikensammlung der Borghese beherbergte. Hauptattraktion im dekorationsreichen Inneren ist eine sich über zwölf miteinander verbundene Säle erstreckende Raumflucht im Hauptflügel. Der Palazzo war eines der Zentren des adeligen Roms, mit legendären Maskenbällen. Heute nimmt die spanische Botschaft einen Großteil der Räume in Anspruch, im Hauptgeschoss ist ein Jagdclub ansässig, in den Räumen der ›Tastatur‹ finden Antiquitätenausstellungen statt. Ein nicht zugänglicher Trakt mit geschlossen erhaltenem Interieur im Empirestil (um 1800) wird von den Nachkommen der Borghese genutzt.

S. Carlo al Corso (II B3) ist seit dem 15. Jh. im Besitz der Bruderschaft der Lombarden. Die heute erhaltene barocke dreischiffige Basilika (Pietro da Cortona, Francesco Borromini u. a., 17. Jh.) basiert im Grundriss auf einem lateinischen Kreuz. Niedrige Seitenschiffe setzen sich als Umgang um den Chor fort. Die Ausstattung mit Fresken und Skulpturen entstammt dem 17. Jh. Links neben der Kirche befindet sich ein säulenumstandener Hof mit der 1513 entstandenen **Cappella di S. Ambrogio**.

Ara Pacis, **Mausoleum des Augustus** und **Horologium Augusti** (II A/B2): Dieser Denkmälerkomplex ist ein Produkt der Selbstinszenierung des Augustus. Er gab während seiner Regentschaft (31 v. Chr. – 14 n. Chr.) vor, die altehrwürdige Staatsform der Republik zu retten, um sie de facto höchst planvoll mit propagandistischen Maßnahmen in eine Monarchie umzuwandeln. Religiöse Feste, Auftragsliteratur wie die Neuformulierung der römischen Geschichte, entsprechende Malerei, Bildhauerei und Architektur hatten einen maßgeblichen Anteil an der Gestaltung des proklamierten ›Goldenen Zeitalters‹. Der große Friedensaltar ◆ **Ara Pacis** (13 v. Chr. gelobt, 9 v. Chr. geweiht) stand an dessen Beginn. Er war ein zentrales Denkmal augusteischer Politik und zeugt von der komplexen Vermischung religiöser, gesellschaftlicher und politischer Sphären und ihrer politisch-ideologischen Indienstnahme. Die mit 11,60 × 10,65 m nahezu quadratische, aus Carraramarmor gefertigte Altaranlage besteht aus einer äußeren Umfassung mit zwei sich gegenüberliegenden Zugängen zum Innenhof, in dem sich der eigentliche Altar erhebt. Die Umfassung ist mit prachtvollen Reliefs geschmückt: außen in der unteren Zone mit durchlaufenden Rankenornamenten, in der oberen Zone der Eingangsseiten mit vier mythologisch-allegorischen Szenen, auf den geschlossenen Seiten einer Festprozession mit Angehörigen der kaiserlichen Familie. Innen werden unten ein Lattenzaun, oben Stierschädel mit Kränzen und Opferschalen gezeigt, in den Ecken korinthische Pilaster; diese Reliefierung ›simuliert‹ die architektonische Struktur eines provisorischen Altarbezirkes. Ursprünglich erhob sich die Ara an einem Freiplatz an der Via Flaminia. Sie wurde 1568 beim Bau des Palazzo Almagià entdeckt, aber erst 1879 identifiziert und seit 1903 systematisch ausgegraben. Die Grabungen wurden 1937 intensiviert, das Monument wurde weitgehend wiederhergestellt und in einem eigens dafür an heutiger Stelle errichteten Pavillon am 23. September 1938 im Rahmen einer von Mussolini initiierten 2000-Jahr-Feier für Augustus erneut ›eingeweiht‹. Der ursprüngliche Schutzbau aus Beton wurde 2005 durch eine lichte Stahl-Glas-Konstruktion von Richard Meier ersetzt. Das antike Denkmal ist heute achsengedreht, also nicht wie einst ost-west-orientiert. Dies ist für das Verständnis wichtig, denn in der ursprünglichen Lage kam der Ara Pacis eine besondere Rolle zu: Im Zentrum des originalen Platzes stand ein aus Ägypten geraubter Obelisk (heute auf der Piazza di Montecitorio); er diente als Zeiger (*gnomon*) einer riesigen Sonnenuhr, des **Horologium Augusti**. Die Zeitangaben und astronomischen Einzelheiten waren in Bronze in das Pflaster des Platzes eingelassen. An den Äquinoktien (Tag-und-Nachtgleichen) fiel der Schatten des Zeigers genau durch die Öffnung der Umfassung auf den Altar. Von dieser Sonnenuhr haben sich nur wenige Reste erhalten, die meisten aus einer domitianischen Restaurierung (Ende 1. Jh.). Das benachbarte **Augustusmausoleum** wurde bereits 29 v. Chr. geplant und von Beginn an als ›Mausoleum‹ bezeichnet (Bezug auf das Repräsentationsmuster hellenistischer Könige). Die runde Anlage mit einem Durchmesser von knapp 90 m und einer ursprünglichen Höhe von 44 m weist einen 12 m hohen Sockel auf, in den ein komplizierter, mehrstöckiger Bau eingebunden ist. Zwei konzentrische Mauerringe tragen eine Art Cella, in der sich, als dynastisches Staatsmonument, die Grablegen des Augustus und weiterer Mitglieder des julisch-claudischen Herrscherhauses fanden. Der Eingang an der Südseite, mit Korridor dahinter, war von zwei Obelisken gesäumt und mit der originalen Bronzeinschrift des im ganzen Reich verbreiteten *Tatenberichts* des Augustus versehen, einer vom Kaiser selbst verfassten, höchst unbescheidenen Lobrede auf seine Regentschaft. Der Bau wurde in Mittelalter und früher Neuzeit intensiv genutzt (Kastell der Colonna, Stierkampfarena) und ist daher schlecht erhalten.

Piazza del Popolo (II A/B1): Hier, nahe der einstigen Porta Flaminia, wo die beiden antiken Fernstraßen Via Flaminia und Via Cassia die Stadt verließen, entstand unter Papst Leo X. seit 1518 eine große Platzanlage. U. a. Raffael und Antonio da Sangallo d. J. waren städteplanerisch tätig und legten drei stadteinwärts führende Straßenzüge an: Via Lata (heute Via del Corso), Via Leonia (heute Via di Ripetta) und Via Clementina (heute Via del Babuino). Deren Einmündungen wurden im 17. Jh. mit den äußerlich fast gleichen Kirchenbauten **S. Maria di Montesanto**, der ersten Karmeliterkirche Roms (1679), und **S. Maria dei Miracoli** (1681) nach Entwürfen von Carlo Rainaldi akzentuiert. In der Platzmitte erhebt sich ein prachtvoller **Brunnen** (Giacomo della Porta, 1573). Das Wahrzeichen des Platzes, der **Obelisk aus Heliopolis**, feiert Pharao Sethos I. (reg. 1290–1279 v. Chr.). Augustus verbrachte ihn als Zeichen seines Sieges über Marc Anton und Kleopatra (31 v. Chr.) auf die Spina des Circus Maximus. Nachdem zuvor schon die anderen Obelisken versetzt worden waren (vor St. Peter, S. Maria

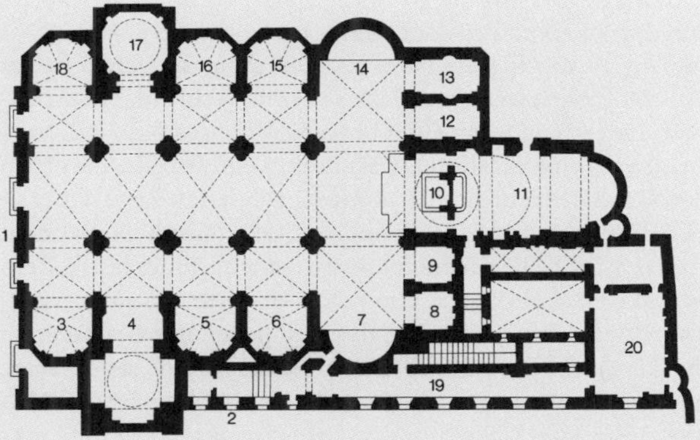

S. Maria del Popolo, Grundriss

1 Fassade Piazza del Popolo
2 Seitenfront-Portal
3 Cappella della Rovere (Venuti, del Presepe)
4 Cappella Cibo (S. Lorenzo)
5 Cappella Basso della Rovere (S. Agostino)
6 Cappella Costa (S. Caterina)
7 Rechtes Querschiff
8 Cappella Cicala (S. Rita da Cascia)
9 Cappella Feoli (S. Tommaso da Villanova)
10 Hochaltar
11 Chor
12 Cappella Cerasi (dell'Assunta)
13 Cappella Teodoli (S. Caterina)
14 Linkes Querschiff
15 Cappella Soderini (del Crocefisso)
16 Cappella Mellini (S. Nicola da Tolentino)
17 Cappella Chigi (Madonna di Loreto)
18 Baptisterium
19 Sakristei-Korridor
20 Sakristei

Maggiore und den Lateran), wurde dieser 1589 unter Papst Sixtus V. hier aufgestellt (Domenico Fontana). Die ovale Platzform entstand durch eine Umgestaltung um 1820 (Giuseppe Valadier).

S. Maria del Popolo (II B1): Die erste römische Kirche der Augustiner erhob sich der Legende nach seit 1250 über dem Familiengrab des Kaisers Nero als Sühnebau; sie verfiel in der Zeit der Exilpäpste. Unter Sixtus IV. wurde ein Neubau errichtet (1472–80), 1505 der Chor umgebaut (Bramante), und 1655–59 erfolgte eine barocke Umgestaltung (Bernini). Rechts neben der Kirche schließt sich der Konvent an, der im Zuge der Umgestaltung der Piazza del Popolo entstand (Giuseppe Valadier, frühes 19. Jh.). Die Kirche gehört zu den mit Rundplastik, Relief und Gemälden des 16. und 17. Jh.s am reichsten ausgestatteten Sakralbauten Roms. V. a. die 14 Kapellen mit Grablegen in den Längsschiffen und neben dem Hochaltar sind sehenswert: Herauszuheben ist die Chigikapelle, als Grablege für den Bankier Agostino Chigi erbaut (Raffael, 1507–15; von Bernini 1655 vollendet); ebenso die Cerasikapelle mit den bedeutenden Gemälden *Kreuzigung des Petrus* und *Bekehrung des Paulus* (Caravaggio, 1600/02); die originalen Fresken der übrigen Kapellen (Pinturicchio, 1485–89) sind nur zu kleinen Teilen erhalten, als sein Meisterwerk gilt die *Marienkrönung* im Gewölbe des Chores. Den Hochaltar schmückt ein Madonnenbild (frühes 13. Jh.); das Chorgewände ist mit vergoldeten Stuckreliefs dekoriert, die die Vita des Kirchengründers schildern. Daneben finden sich zwei weitere Grabdenkmäler in triumphbogenähnlichen Formen. In der Sakristei erhebt sich ein Hochaltartabernakel (spätes 15. Jh.). Gegenüber der Kirche erbaute Valadier eine formal ähnliche **Kaserne** und schuf so ein symmetrisches Bauensemble an der Nordseite des Platzes.

Von der Piazza del Popolo über die Spanische Treppe zur Via XX Settembre

Auf dem Hügel **Pincio** oberhalb der Piazza del Popolo erstreckt sich ein großer Park (Giuseppe Valadier, Anfang 19. Jh.). Die Wege sind von Porträts wichtiger italienischer Patrioten gesäumt. Abends hat man hier, selten allein, den klassischen Sonnenuntergangsblick über Rom. Der **Obelisk**, den Kaiser Hadrian (reg. 117–138) zum Gedenken an seinen im Nil ertrunkenen Geliebten Antinoos herstellen ließ, stand wohl ursprünglich in seiner Villa in Tivoli, wurde dann um 220 in einen neu erbauten römischen Circus verbracht, wo er umstürzte und zerbrach. 1570 wiederentdeckt, sollten die Trümmer laut Inschrift 1630 beim Palazzo Barberini wiedererrichtet werden, was allerdings nicht geschah; um 1780 kamen sie in die Vatikanischen Gärten und 1822 auf den Pincio.

Villa Medici (II C1/2): Kardinal Ferdinando de Medici erwarb das 1564–68 erbaute Landhaus 1576 als repräsentativen Ort für seine Antikensammlung. Der weiße Bau mit den spektakulären Brunnen gilt als Musterbeispiel für eine stadtnahe Villa der Spätrenaissance: mit schlichter Straßenfassade, aber opulenter, manieristischer Gartenfassade, einem von zwei Löwenfiguren flankierten Portal, mit achsensymmetrischem, dreiflügeligem Grundriss und mit den beiden gegenüber dem Mitteltrakt turmartig überhöhten Seitenflügeln. Zwei freigelegte Fresken im Studierzimmer (Jacopo Zucchi; 1576) zeigen die einstige Gesamtkonzeption mit den umliegenden Gärten, die vor einigen Jahren nach den Originalplänen neu angelegt wurden. Napoleon übergab die Villa 1803 der Französischen Akademie, die sie zu einem hochrangigen Zentrum für Kunst und Kultur machte; u. a. wurde hier der Prix de Rome verliehen, der einen vierjährigen Aufenthalt in Rom umfasste. Diese Tradition wurde in den 1970er Jahren wiederbelebt und setzt sich bis heute fort.

SS. Trinità dei Monti (II C2): Die einschiffige Kirche mit markanter Doppelturmfassade ist eine französische Gründung von 1495; vollendet wurde sie 1587. Sie war ursprünglich Teil eines Paulanerklosters. Nach mehreren Restaurierungen und einer zwischenzeitlichen Profanierung (u. a. hatte Jean-Auguste-Dominique Ingres hier sein Atelier) ist sie heute Bestandteil des Nonnenklosters von Sacré-Cœur und berühmt für zahlreiche Gemälde aus dem Michelangelo-Umkreis; besonders erwähnenswert ist die *Kreuzabnahme*, ein auf Leinwand übertragenes Fresko (Daniele da Volterra, 1541). Vor der Kirche erhebt sich der sog. **Obelisk des Sallust**; er wurde in den berühmten benachbarten Gärten, den Horti Sallustiani, gefunden. Der ägyptische Rosengranit wurde erst in Rom von Steinmetzen bearbeitet und dilettantisch mit Hieroglyphen versehen. Wann er aufgestellt wurde, ist nicht bekannt, sicher jedoch erst nach dem Tod Sallusts. Im 15. Jh. umgestürzt, wurde er um 1787 vor der Kirche wiederaufgerichtet; Goethe beschreibt in seiner *Italienischen Reise* die Fundamentierungsarbeiten.

◆ **Piazza di Spagna** (II C2): Die weltberühmte **Spanische Treppe** (Francesco de Sanctis, 1723–25) verbindet mit 135 Stufen die Kirche SS. Trinità dei Monti oben mit der Piazza di Spagna unten. Die Treppenanlage von unten nach oben betrachtet: Untergliedert in Kompartimente von je zwölf Stufen, führen drei Treppenstraßen zu einer Terrassenwand; von hier aus gelangt man über zwei schmale, nach außen geschwungene Aufgänge auf die erste Terrasse, wo sich die Wege zunächst vereinigen und dann über eine breite Treppenflucht zu einer zweiten Terrasse führen; von dort aus erheben sie sich in zwei weiten Bögen zur Kirche. Diese ›Treppe der Treppen‹ Roms löst das technische Problem der Bewältigung eines Höhenunterschieds mit einem festlich-repräsentativen und zugleich funktionalen Bauwerk. Die Piazza di Spagna ist seit 200 Jahren

Die Spanische Treppe mit der Fontana della Barcaccia

touristischer Mittelpunkt Roms. Benannt ist die Piazza nach dem angrenzenden **Palazzo di Spagna** (Fassade Alessandro Specchi, 18. Jh.), Sitz der spanischen Botschaft beim Heiligen Stuhl. Den Mittelpunkt des Platzes markiert die **Fontana della Barcaccia** (1629), bei der das Wasser aus einer flachen Steinbarke quillt. Der Brunnen erinnert an das Tiberhochwasser von 1598, als man den Platz nur mit dem Boot erreichen konnte. Im Haus Nr. 26, am Fuße der Spanischen Treppe, findet sich ein kleines Museum über die englischen Dichter John Keats, Percy Shelley und Lord Byron (**Museo di Keats e Shelley**).

Das in der Via Condotti 86 gelegene **Antico Caffè Greco** (1760) war im 19. Jh. Stammsitz der deutschen Künstler; hier trafen sich Goethe, Tischbein, Liszt, Richard Wagner, Nietzsche u. a.

Casino dell'Aurora (**Casino Ludovisi**; II D2): Neben dem eher unscheinbaren Palazzo Margherita ist dieses Casino der einzige erhaltene Bau der einst sehr weitläufigen Villa Ludovisi. Es wurde unter Kardinal Ludovico Ludovisi errichtet (Architekt unbekannt, spätes 16. Jh.). Sehenswert sind das barock-illusionistische Deckenfresko *Aurora mit anderen Tageszeiten* (Guercino, 1621–23) und ein Deckenbild mit Planetengöttern (Caravaggio zugeschrieben, 1597).

S. Maria della Concezione (II D3), 1626 von Kardinal Antonio Barberini gegründet, ist wegen ihres Interieurs (um 1630) sehenswert – Skulpturen und Gemälde von Guido Reni, Lanfranco und Domenichino. Fünf unterirdische Kapellen (Cimitero) bergen die Gebeine von über 4000 Kapuzinermönchen. In der Sakristei ist eine kleine Gemäldesammlung zu besichtigen.

Fontana del Tritone (Piazza Barberini, II D3): Der Brunnen wurde im Auftrag des ›Barberini-Papstes‹ Urban VIII. errichtet und besteht aus vier Delphinen, die eine offene Muschel tragen, in der Triton aus einem Horn einen Wasserstrahl senkrecht emporbläst (Bernini, 1642/43).

Palazzo Barberini (II E3): Papst Urban VIII. erwarb hier 1625 einen Weinberg der Sforza und ließ das Areal mit dem weitverzweigten Palazzo bebauen; dieser gilt als der bedeutendste römische Palast des Hochbarock. Die berühmtesten drei Architekten jener Epoche waren hier tätig: Carlo Maderno (bis zu seinem Tod 1629), Gian Lorenzo Bernini (bis 1633) und, über die gesamte Bauzeit als ›Koordinator‹, Francesco Borromini. Der langrechteckige, dreigeschossige Mitteltrakt mit Säulenordnung in Superposition und ungewöhnlich großen Fensterflächen wird von zwei schmalen Flügeln gerahmt, die an den Seiten risalitartig hinausragen. Sehenswert sind die beiden Treppenanlagen, über die der Bau erschlossen wird: Im rechten Seitenflügel erhebt sich diejenige von Borromini spiralförmig über ovalem Grundriss, in der linken Seite des Haupttraktes steigt die Treppe von Bernini in rechtwinkeligen

Carlo Santarelli, *Bankett im Salon des Palazzo Barberini*, 1867

Brechungen um einen offenen Hof herum auf. In der Mitte des Hauptflügels bildet ein doppelgeschossiger Salon mit einer den Bauherrn verherrlichenden Deckenmalerei (Pietro da Cortona) das Zentrum. Dieser Salon wurde im 18. und 19. Jh. gern für Festlichkeiten genutzt – berühmt ist etwa das aufwendige Bankett, das adelige Römerinnen am 27. November 1867 für die in der Schlacht gegen Garibaldi siegreichen Offiziere der verbündeten päpstlichen und französischen Truppen gaben (s. das Aquarell von Carlo Santarelli im Museo di Roma). Ein Flügel des Palazzo beherbergt einen Teil der **Galleria Nazionale d'Arte Antica** (S. 186), der andere ist Offizierskasino der italienischen Armee.

S. Maria della Vittoria (II E3): Die Karmeliterkirche (Carlo Maderno zugeschrieben, 1620) erhielt ihren Beinamen anlässlich des Sieges der katholischen Liga über ein protestantisches

Heer bei Prag, den man der Kraft eines mitgeführten Marienbildnisses zu verdanken glaubte. Die tektonisch aufwendige Travertinfassade (Giovanni Battista Soria, 1624–26) gilt mit dem in Buntmarmor prachtvoll ausgestatteten Innenraum als Musterbeispiel eines barocken ›Gesamtkunstwerkes‹. Herausragend ist die 4. Kapelle links: die Kapelle der hl. Theresa von Avila (Bernini, 1645–52) für die Familie Cornaro; die Statuengruppe des Altars aus kostbarsten Marmoren, *Die Verzückung der hl. Theresa*, wurde wegen ihrer Sinnlichkeit damals kritisch betrachtet. Die Apsis wurde nach einem Brand 1833 neugestaltet. Eine moderne Ergänzung sind auch die sehenswerten Glasfenster (1955/56).

Östliche und südliche Innenstadt: Quirinal, Esquilin, Lateran, Caelius und Aventin

Vom Quirinal über Diokletiansthermen und Stazione Termini zum Esquilin

Dieses Gebiet, heute wegen der Stazione Termini ein Hauptzugang Roms, war in der Antike v. a. durch Großbauten geprägt. Die beiden Thermenanlagen (eine kleinere unter Trajan, eine gigantische unter Diokletian) waren, wie alle Kaiserthermen, Geschenke an die Stadtbevölkerung und dienten wie die Amphitheater dem Zeitvertreib einer unterbeschäftigten, von kaiserlicher Alimentation abhängigen Einwohnerschaft. Sie waren gegen ein geringes Entgelt zugänglich und boten in Sachen Freizeit neben dem reinen Badebetrieb: Kosmetiker, Ärzte, Masseure und Barbiere, Sportanlagen, Bibliotheken und Prostitution. Seine eigentliche Ausprägung erhielt dieses Stadtareal in frühchristlicher Zeit (4. und 5. Jh.). Vom römischen Urchristentum zeugen große, bedeutende Kirchenanlagen, etliche als Märtyrerkirchen direkt am Ort des Martyriums erbaut.

Palazzo Pallavicini Rospigliosi (II D4/5): Der große Palazzo wurde für Scipio Borghese errichtet (Giovanni Vasanzio, Carlo Maderno, 1611–16). Nach diversen Besitzerwechseln kam er 1704 in das Vermögen der Familie Pallavicini Rospigliosi. Heute birgt er die Galleria Pallavicini. Das sehr abschüssige Gelände war in Terrassen untergliedert, auf denen sich je ein Casino erhob; die ursprüngliche topographische Situation wurde durch den Bau der Via Nazionale weitgehend zerstört. Erhalten ist das ›Casino Aurora‹, benannt nach dem darin befindlichen Fresko *Aurora* (Guido Reni, 1614).

Piazza Quirinale (II D4): Der große Platz bietet einen weiten Blick über Rom bis zum Petersdom. Die Platzmitte schmückt der unter Papst Sixtus V. im späten 16. Jh. angelegte **Dioskurenbrunnen**, dessen zwei fast 6 m hohe rossebändigende Dioskuren wohl spätantike Kopien von griechischen Originalen der Klassik (5./4. Jh. v. Chr.) sind, einstmals den Konstantinsthermen zugehörig. Der 15 m hohe **Obelisk** wurde 1786 unter Papst Pius VI. integriert; er ist einer von zweien, die ursprünglich den Zugang zum Augustusmausoleum flankierten (der andere erhebt sich heute vor S. Maria Maggiore). Die Piazza wird an drei Seiten von Palästen begrenzt, darunter der **Palazzo del Quirinale**, heute Sitz des Präsidenten der italienischen Republik. Der Bau wurde 1574 unter Papst Gregor XIII. begonnen und sollte die päpstliche Sommerresidenz werden. Nach zahlreichen Planänderungen wurde er erst gegen 1740 vollendet; seit 1870 diente er, nun verstaatlicht, als Sitz der italienischen Könige. Das reiche Interieur – von Fresken und Bildern (Pietro da Cortona) über Skulpturen (Bertel Thorvaldsen) bis hin zu kostbaren Möbeln, Gobelins und Fußbodenmosaiken – ist sehenswert; ebenso bedeutend, aber nicht zugänglich, ist die weitläufige Gartenanlage mit Brunnen und ›Coffee House‹ (kleiner, dreiräumiger Pavillon von Ferdinando Fuga), die in ihrer Entstehungszeit zu den berühmtesten in Europa zählte. Der prachtvolle **Palazzo della Consultà** gegenüber diente unter Papst Clemens XII. als Sitz des Päpstlichen Gerichtshofs (Ferdinando Fuga, um 1740); hier tagt heute das italienische Verfassungsgericht.

S. Andrea al Quirinale (II D4): Die kleine, sehr prächtige barocke Kirche wurde im Auftrag von Papst Alexander VII. errichtet (Bernini, 1658–61) und 1675 nach Vollendung der Innendekoration geweiht. Berninis Entwurf suchte die unmittelbare Konkurrenz zur benachbarten Kirche S. Carlo alle Quattro Fontane. Die Fassade beherrscht das Motiv einer korinthischen Ädikula mit halbrunder Freitreppe und einem baldachinähnlichen Portal. Der Kirchenraum ist als Zentralbau in Form eines quergelegten, flach überkuppelten Ovals konzipiert. Dem Eingang gegenüber erhebt sich, in der kurzen Achse des Baus, der von je zwei mächtigen korinthischen Säulen flankierte Altarraum samt zugehörigem Schmuck. Zwischen Altar und Portal finden sich in symmetrischer Anordnung je vier Kapellen, die in den starken Mauern fast wie Nischen wirken. Die Kirche diente als Ausbildungsstätte des Ordensnachwuchses der Gesellschaft Jesu. 1870–1946 war sie Hofkirche des italienischen Königshauses.

S. Carlo alle Quattro Fontane (II E4) ist ein Meisterwerk Francesco Borrominis, 1638 begonnen, 1641 geweiht, aber erst nach dessen Tod in den 1670er Jahren auch in der Fassade vollendet. Der Bau besteht wie Berninis Gegenstück S. Andrea al Quirinale aus einem überkuppelten Ovalraum. Namengebend sind vier Brunnen an den Ecken der Kirche, deren lagernde Hauptfiguren die Flüsse Tiber und Arno sowie Diana und Iuno (oder Treue und Tapferkeit) symbolisieren. Der vergleichsweise kleine Bau wird von außen durch eine dynamisch stark gegliederte, vor- und zurückschwingende doppelstöckige Fassade akzentuiert. Im geometrisch ausgeklügelten Innenraum wird das Prinzip des barocken Illusionismus auf die Spitze getrieben, nicht existente Formen werden vorgetäuscht und statisch Notwendiges wird fast ins Unsichtbare getaucht, z. B. durch der Wand vorgesetzte Säulen mit irreführend gestellten Kapitellen. An den Kirchenbau schmiegt sich auf kleinstem Platz ein **Kreuzgang** (Klosterhof) mit zweistöckigen Bögen an.

Die **Piazza della Repubblica** (II F3) wird seit 1914 von einem großen Brunnen beherrscht. Vier weibliche Figuren spielen mit Meerestieren, in der Mitte der symbolhaft über die Natur siegende Mensch.

Die **Diokletiansthermen** (II F3) entstanden später als die drei anderen stadtrömischen Kaiserthermen (Titus-, Trajans- und Caracallathermen) und waren mit 380 × 370 m größer und auch luxuriöser. Effizient in antik-römischer Zementbauweise in nur acht Jahren erbaut (298–306), bestehen sie im Kern aus Gussmörtel; die Mauern waren außen wie innen reich verkleidet. Der eigentliche Kernbau mit den Heiß-, Warm- und Kaltwasserbädern samt Umkleideräumen erhob sich in einer großen Parkanlage, die umschlossen war von einer hohen, mit zahlreichen Exedren und Portiken untergliederten Mauer. Im Mittelalter diente das verfallene Areal als Steinbruch. Papst Paul IV. schenkte 1560 die Ruinen dem Karthäuserorden. Dieser ließ im Zentralbereich ab 1561 nach vielgerühmten Plänen Michelangelos die Kirche **S. Maria degli Angeli** erbauen. Die im Grundriss auf einem griechischen Kreuz erbaute Kirche ist mit spektakulären Kreuzgratgewölbekonstruktionen überdacht, die durch acht große Granitsäulen gestützt werden und kühn in die Bausubstanz der antiken Ruine integriert sind. Der Bau wurde Mitte des 18. Jh.s durch den Neapolitaner Barockarchitekten Luigi Vanvitelli einschneidend verändert: U. a. wurde aus dem Querschiff das Längsschiff. Einen guten Eindruck vom früheren Aussehen der Thermensäle bietet das **Thermenmuseum** (**Museo Nazionale Romano delle Terme**, S. 197), das 1889 in dem antiken Areal eingerichtet wurde. In den westlichen Rundbau der Thermen wurde um 1590 die Kirche **San Bernardo alle Terme** integriert, ein an das Pantheon erinnernder kleinerer Kuppelbau von 22 m Durchmesser.

Die vor der Stazione Termini sichtbaren Reste der **Servianischen Stadtmauer** aus gelblichem Grotta-Oscura-Tuff gehören zum Mauerneubau nach dem Galliereinfall in den Jahren nach 390 v. Chr. Zur modernen Bahnhofsarchitektur bilden sie einen reizvollen Kontrast.

Stazione Termini (II G4): Von alters her ein Kopfbahnhof, besteht die Anlage aus einem Gebäude mit Empfangshalle, Schaltern, Diensträumen und langen, die Bahnsteige überdachenden Flügelbauten. Diese Zweiteilung ist nicht nur eine ty-

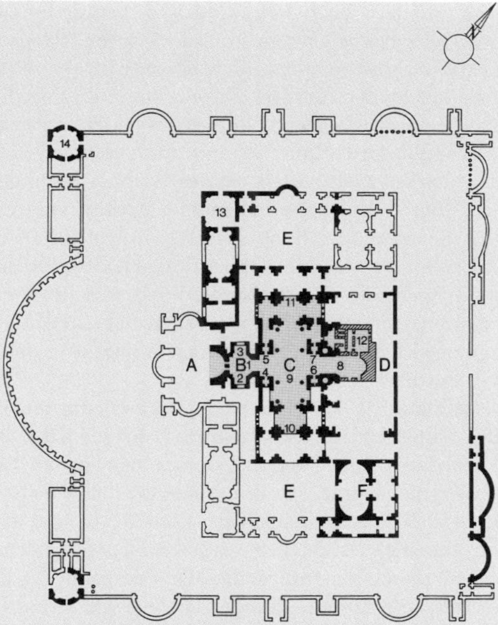

S. Maria degli Angeli (grau unterlegt) in den Diokletiansthermen, Grundriss

Thermen

A Caldarium
B Tepidarium
C Frigidarium
D Natatio
E Palaestren
F Apodyterium?

Kirche

1 Vestibül
2 Kreuzkapelle
3 Magdalenenkapelle
4 Bruno-/Aldobrandini-Kapelle
5 Petruskapelle
6 Hyazinthkapelle
7 Inkarnationskapelle
8 Tribuna
9 Querschiff
10 Albergati-Kapelle
11 Brunokapelle
12 Epiphaniekapelle
13 »Sala della Minerva«
14 S. Bernardo alle Terme

pologische, sondern auch eine stilistisch-historische. 1938 wurde mit dem Bau begonnen: Im Stil zwischen Klassischer Moderne (*modernità*) und pompösem Klassizismus (*antichità*) errichtete Angelo Mazzoni die Flügelbauten; kriegsbedingt wurde das Kopfgebäude aber nicht mehr in seiner ursprünglichen Konzeption ausgeführt. 1950 wurde der unvollendete Bahnhof durch ein Meisterwerk zeitgenössischer Architektur vollendet: Eine sechsköpfige italienische Architektengruppe (Calini, Castellazzi, Fadigati, Montuori, Pintonello und Vitellozzi) schuf einen gestreckten, travertinverkleideten Baukörper mit durchgehenden Fensterbändern und, mit ihm homogen verbunden, eine ruhig schwingende, 128 m breite und 32 m tiefe Empfangshalle. Den vertikalen Akzent setzt ein zehnstöckiges Verwaltungsgebäude.

S. Pudenziana (II F5): Hinter einem unscheinbaren Eingang geht es hinab auf antikes Bodenniveau zu einem der ältesten Kirchenbauten Roms, der um 400 in einen antiken Thermensaal integriert wurde. Der mit seinen drei Schiffen basilikaähnliche, aber relativ breite Bau ist im 8., 11. und 13. Jh. verändert, aber niemals gänzlich neu gesetzt worden; wichtige Ergänzungen waren der fünfgeschossige Campanile (13. Jh.?) und die 1870 geschaffene Fassade. Die Barockisierung des 16. Jh.s wurde im 20. Jh. in Teilen rückgebaut, der frühchristliche Raumeindruck damit wiederhergestellt. Die Kirche ist v. a. berühmt wegen ihres Apsismosaiks (um 400). Ganz im repräsentativen Stil der römisch-kaiserzeitlichen Antike sitzt Christus als Weltenherrscher auf einem prunkvollen Thron, umgeben von Aposteln; ihm direkt beigeordnet sind Petrus und Paulus, denen von zwei Frauengestalten (wohl Personifikationen der Heiden und Juden) Kränze angetragen werden. Eine mit goldenen Ziegeln überdachte Säulenstellung umrahmt die Personengruppe und trennt sie von einem Bauensemble mit Kreuz im Hintergrund, dem Himmlischen Jerusalem. Oben erscheinen die vier Evangelisten in Gestalt von geflügelten Figuren: Mensch (Matthäus), Löwe (Markus), Stier (Lukas) und Adler (Johannes). Das Mosaik ist ein Vorläufer der in theodosianischer Zeit weitverbreiteten Apokalypsebilder. Es wurde bei der Barockisierung der Kirche im 16. Jh. an allen Seiten beschnitten, so dass heute nicht mehr alle zehn Apostel vorhanden und große Teile der Evangelisten verloren sind. Auch ist das Mosaik teilweise ergänzt und überarbeitet. Dennoch ist es eines der wichtigsten Bildzeugnisse frühchristlicher Zeit in Rom. Sehenswert ist die **Grabkapelle der Familie Caetani** am linken Seitenschiff mit reicher Ausschmückung (Buntmarmor und Mosaiken des späten 16. Jh.s) und das **Oratorio Mariano** mit Fresken (Petrus und die hll. Praxedis und Pudentiana, 9.–11. Jh.).

S. Maria Maggiore (II F5) zählt zu den sieben Hauptkirchen Roms und ist neben S. Giovanni in Laterano, S. Pietro in Vaticano, S. Paolo fuori le Mura und S. Lorenzo fuori le Mura eine der fünf päpstlichen Patriarchalbasiliken. Der Legende nach entstand S. Maria im mittleren 4. Jh. Der heutige Bau geht auf eine unter Papst Sixtus III. entstandene Kirche zurück (432–440), das wohl früheste Zeugnis der seit dem Konzil von Ephesos (430) in der Westkirche zunehmenden Marienverehrung. Die ursprünglich schlanke dreischiffige Basilika wurde seit dem 12. Jh. immer weiter ergänzt: Vorhalle vor der östlichen Fassade (1145–53), Querhaus, neue Apsis (spätes 13. Jh.), höchster Glockenturm Roms (75 m, 1377), Kassettendecke (Giuliano da Sangallo, 1493–98), Cappella Sforza und Cappella Sistina (16. Jh.), Baptisterium im rechten Seitenschiff (1605), Chorfassade an der Piazza dell'Esquilino (Carlo Rainaldi, ab 1670), Hauptfassade an der Piazza S. Maria Maggiore (Ferdinando Fuga, ab 1741), einheitlich prachtvolle Barockisierung des Innenraums (1743–50) mit einer breit ausladenden, fünfschiffigen Anlage – die ›äußeren‹ Schiffe bilden Konglomerate

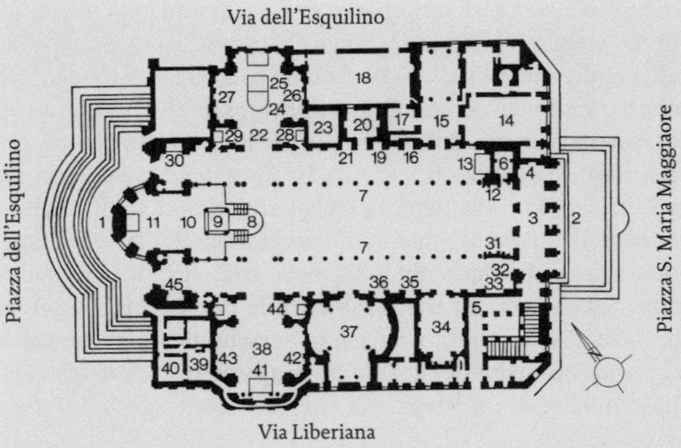

S. Maria Maggiore, Grundriss

1 Chorfassade, Freitreppe (auf dem Platz Obelisk)
2 Hauptfassade, Loggia (auf dem Platz Mariensäule)
3 Vorhalle
4 Statue Philipps IV. von Spanien
5 Zugang zur Benediktionsloggia
6 Campanile
7 Mittelschiff, Mosaiken des Alten Bundes
8 Confessio
9 Hochaltar
10 Triumphbogen, Mosaiken des Neuen Bundes
11 Apsis, »Marienkrönung« u. a. Mosaiken
12 Grabmal Papst Clemens' IX.
13 Cappella Patrizi
14 Sakristei
15 Baptisterium
16 Altar der Hl. Familie
17 Cappella SS. Michele e Pietro
18 Hof
19 Altar des hl. Niccolò Albergati
20 Cappella delle Reliquie
21 Altar der »Verkündigung«
22 Cappella Sistina
23 Sakristei der Cappella Sistina
24 Sakramentstabernakel
25 Krippenkapelle
26 Grabmal Papst Sixtus' V.
27 Grabmal Papst Pius' V.
28 Altar der hl. Lucia
29 Altar des hl. Hieronymus
30 Grabmal Kardinal C. Rodriguez'
31 Grabmal Papst Nikolaus' IV.
32 Gräber der Kardinäle de Levi
33 Grabmal Kardinal A. Favoritis
34 Cappella Cesi
35 Altar des hl. Leo d. Gr.
36 Altar des hl. Franz von Assisi
37 Cappella Sforza
38 Cappella Paolina
39 Sakristei der Cappella Paolina
40 Kapitelsaal der Cappella Paolina
41 Altar mit Madonnenbild »Salus Populi Romani«
42 Grabmal Papst Pauls V.
43 Grabmal Papst Clemens' VIII.
44 Altar der hl. Francesca Romana
45 Grabmal C. Merlinis

von Kapellen und Annexbauten. Der angesichts der bewegten Baugeschichte überraschend geschlossene Gesamteindruck der Kirche kommt durch die beiden Außenfassaden zustande. Rainaldi verstand es mit seiner Chorfassade meisterlich, den heterogenen, in überkuppelte Kapellen umfunktionierten Querhausarmen eine symmetrische Struktur mit dezenter architektonischer Rahmung zu geben. Fugas im Portal doppelstöckige, ansonsten fünfgeschossige Hauptfassade vereinheitlicht in gleicher Weise die bis dahin additive Gesamtstruktur und erweckt durch die fünf gleichgroßen Portale die Erwartung einer fünfschiffigen Anlage, was angesichts der Anbauten nicht völlig unzutreffend ist. Im Innern trennen je 20 ionische Säulen mit faszettierten Architraven ein breites, kassettenüberdecktes Hauptschiff mit Triumphbogen und Apsis von zwei schmaleren Seitenschiffen. Die berühmten Mosaiken an den Längswänden des Mittelschiffes, am Triumphbogen und an der Apsis – hier nur noch in geringen Resten im Original erhalten – entstammen dem Urbau; sie schildern in einzelnen Tafeln links Episoden aus den Viten Abrahams, Isaaks und Jakobs, rechts Szenen mit Moses und Josua. Die barocken Fresken des späten 16. Jh.s zeigen Bilder aus dem Christus- und Marienleben. Das große Apsismosaik (Jacopo Torriti, 13. Jh.) zeigt die Krönung Marias. Unter den Kapellen ist die **Cappella Sistina** (Domenico Fontana, 1584–90) im rechten Querhaus wegen ihrer reichen Ausstattung und der monumentalen Grablegen hervorzuheben. Die **Cappella Paolina** (1613) gegenüber ist wegen der Grabmäler und des Prunkaltars mit goldenem Schrein bedeutend. Sehenswert sind wegen ihrer Ausstattung die **Cappella Sforza** (2. Kapelle im linken Seitenschiff) von Giacomo della Porta nach Plänen Michelangelos (1564–73) und die **Cappella Cesi** (1. Kapelle links, um 1550). Die Kirche bildete das Zentrum einer unter Papst Sixtus V. im späten 16. Jh. durchgeführten urbanistischen Neugestaltung

Roms. Von hier aus führten einst sternförmig Straßenzüge in die Stadt. Die **Mariensäule** (1613) auf der Piazza S. Maria Maggiore, mit allen Sockelelementen beinahe 42 m hoch, gehörte zur Neukonzeption der Hauptfassade. Die Marienstatue erhebt sich auf einer der acht Cippolinosäulen aus der Maxentius-Basilika des Forum Romanum. An der Rückseite der Kirche, vor dem linken Seitenschiff, findet sich ein **Obelisk** mit Kreuz als Bekrönung. Er wurde unter Papst Sixtus V. 1587 aus drei großen Fragmenten wiederaufgerichtet. Er trägt keine Inschrift, so dass seine Provenienz (ägyptisch oder römisch?) unklar bleibt; er ist einer von zwei Obelisken, die den Zugang in das Mausoleum des Augustus flankierten (der andere steht auf der Piazza Quirinale).

S. Prassede (II F5): Eine private Hauskirche des Senators Pudens, seiner Tochter Praxedis geweiht, die der Legende nach Petrus in das Haus aufnahm, wurde im 5. Jh. erneuert. Praxedis' Gebeine werden in der Krypta als Reliquien verwahrt; ebenso die ihrer Schwester, der hl. Pudentiana, Patronin der unmittelbar benachbarten Kirche S. Pudenziana. Die heutige, unter Paschalis I. (Papst 817–824) neu erbaute Kirche, wurde 1560–1600 in Teilen neu ausgestaltet. Bedeutende Reste von Mosaiken des 9. Jh.s am Triumphbogen sind das *Himmlische Jerusalem* mit Christus, die Apostel, Moses und Elias, und *Erzengel bewachen die Tore*; in der Halbkuppel der Apsis, über einem Lämmerfries, führen Petrus und Paulus die Schwestern Pudentiana und Praxedis sowie Zeno und Papst Paschalis, als den hier verherrlichten Auftraggeber, zu Christus. Die Wandfresken im Kircheninneren entstammen der Erneuerung des 16. Jh.s, der Fußboden ist die moderne Imitation einer Cosmatenarbeit (1918). Zwei Kapellen sind hervorzuheben: Die **Zenokapelle**, auf dem Grundriss eines griechischen Kreuzes, diente als Grablege für Zeno, die Mutter Papst Paschalis' I., und die **Cappella Olgiata** am linken Seitenschiff wurde als Grabkapelle für Bernardo Olgiata erbaut (Martino Longhi d. Ä., 1590, mit manieristischen Fresken von Giuseppe Cesari, 1592/93). Das überwölbte Gebäude am rechten Seitenschiff ist mit Mosaiken des 9. Jh.s in der Art des Kircheninnenraums verziert, im Zentrum des Gewölbes ein Christus-Brustbild. Der Fußboden besteht aus Marmorinkrustationen des 12. Jh.s.

S. Pietro in Vincoli (I E6): Die erste Kirche (4. Jh.) wurde um 430 neu gebaut und war zunächst Petrus und Paulus gemeinsam geweiht. Sie wurde um die Mitte des 5. Jh.s in S. Pietro in Vincoli (»Petrus in Ketten«) umgeweiht, nachdem die Gattin des Kaisers Valentinian III. (reg. 425–455) die Ketten, in denen Petrus nach Rom gebracht worden sein soll, als Reliquie gestiftet hatte. Die dreischiffige Basilika mit durch 20 dorische Säulenbögen herausgehobenem Mittelschiff, Querhaus und drei Apsiden wurde mehrfach umgebaut, besonders eingreifend im 15. Jh. 1503 war der Kreuzgang vollendet, wohl nach Plänen von Giuliano da Sangallo. 1705 entstand über dem Hauptschiff das kassettierte Tonnengewölbe mit einer Darstellung des ›Kettenwunders‹. Berühmtestes Ausstattungsstück ist das Kenotaph (Leergrab) für Papst Julius II., ein Werk Michelangelos, der seit 1505 daran arbeitete, beim Tod des Papstes 1513 aber noch mit den Fresken der Sixtinischen Kapelle beschäftigt war. Geplant war ein monumentales, aus 28 überlebensgroßen Figuren bestehendes Grabdenkmal für den Petersdom. Es wurde erst 1542–45 in stark reduzierter Form vollendet und erhielt hier nun diesen bedeutend weniger prominenten Standort. Gleichwohl gilt die Figur des Moses (1513–16), eingefangen im Moment, als er mit den Gesetzestafeln vom Berg Sinai zurückkommt und den Tanz um das Goldene Kalb sieht, als ein Schlüsselwerk der Kunstgeschichte: Erstmals sehen wir die die Spätrenaissance prägenden Pathosformeln, die bereits auf die Barockskulptur verweisen. Für den deutschen Besucher ist das an der linken Seitenschiffwand

S. Pietro in Vincoli: Michelangelo, Kenotaph für Papst Julius II., Figur des Mose (nach 1513)

platzierte Grab des Theologen und Philosophen Nikolaus von Cues (aus Kues an der Mosel, 1401–1464) von Interesse.

Trajansthermen: s. S. 51.

Vom Lateran zur Porta Maggiore

S. Clemente (I F7): Der aus historischer Sicht bauliche Kern der Kirche ist ein großflächiges, mehrstöckiges **Peristylhaus** aus dem 1. Jh., dessen Innenhof in den Jahrzehnten nach 200 durch Abmauerung in ein **Mithräum** umgewandelt wurde, mit Altar und Relief des stiertötenden persischen Lichtgottes Mithras (Zugang über das linke Seitenschiff der Unterkirche). Daneben wurde in der 2. Hälfte des 3. Jh.s ebenfalls ein Haus zu einem dreischiffigen Gebäude umgebaut – eine Vergrößerung der einer Legende nach hier lokalisierten Hauskirche des dritten Papstes (Clemens) aus dem späten 1. Jh.: die 1857–70 freigelegte und in die Gesamtanlage inkorporierte **Unterkirche** (zugänglich über das rechte Seitenschiff der Oberkirche). Die Wandmalereien der Unterkirche stammen überwiegend aus dem 9. Jh. Sie verherrlichen den hl. Clemens sowie weitere auftraggebende Päpste. Die **Oberkirche** wurde um 1100 über einem von den Normannen zerstörten Vorgängerbau errichtet. Sie greift gezielt auf frühchristliche Basilikaformen zurück und formuliert mit der achsensymmetrischen Abfolge von Atrium, Vorhalle, dreischiffiger Basilika mit Chor und Apsis den Prototyp der mittelalterlichen Basilika aus. In der Oberkirche ist der Materialluxus auffällig: Fußboden, Chorschranken und der abgegrenzte Bezirk des Sängerchores im Mittelschiff bestehen aus aufwendig intarsierten Buntmarmoren, z. T. unter Einschluss älterer Bauteile aus dem 6. Jh. (bei der *schola cantorum* im Mittelschiff). Die Stirnwand des Mittelschiffes und die Apsis sind überreich mit Mosaiken verziert, die Fresken wurden jedoch vielfach überarbeitet (Masolino da Panicale zugeschrieben, 15. Jh.). Sehenswert ist auch die in der Frührenaissance angelegte **Cappella di S. Caterina** im linken Seitenschiff, deren Fresken Szenen aus dem Leben der hl. Katharina zeigen (um 1430). Die Oberkirche wurde 1715–19 barockisiert, was dem Eindruck des mittelalterlichen Raumes aber wenig abträglich ist.

SS. Quattro Coronati (I F7), am Hang des Caelius gelegen, ist Teil eines Klosterkomplexes und zählt zu den bedeutendsten mittelalterlichen Baudenkmälern Roms. Die Kirche ist »vier gekrönten« Männern gewidmet, die in antiker Zeit wegen Renitenz gegen die Obrigkeit mit einer gezackten Eisenkrone zu Tode gemartert wurden. Seit dem 4. Jh. ist die Verehrung der vier Gekrönten, wohl in einer kleinen Apsidenhalle, überliefert. In karolingischer Zeit entstand unter Leo IV. (Papst 847–855) eine neue dreischiffige Basilika mit Atrium, Langhaus mit je 32 Säulen zwischen den Schiffen, Apsis und Krypta (Gesamtlänge knapp 100 m). Sie diente zudem als Bastion für den Lateran, mit fortifikatorischen Vorrichtungen; der Campanile war z. B. als Festungsturm ausgebaut. Dieser Bau ging im Normannensturm des Jahres 1084 unter; ein Wiederaufbau wurde unter Paschalis II. (Papst 1099–1118) realisiert. Die Apsis behielt ihre Breite, der Grundriss aber wurde verkleinert, die Seitenschiffe wurden aufgegeben und das Hauptschiff wurde durch den Einbau von zwei Säulenreihen dreischiffig gestaltet. Ein aus roten Ziegelsteinen 1138 errichteter Klosterkomplex ergänzte die Kirche. In der Zeit der Exilpäpste verfallen, wurde der Bau 1423–31 renoviert. Sehenswert sind die **Ringkrypta** aus der karolingischen Bauphase, der kostbar mit Marmor ausgestattete **Kreuzgang** samt Zierbrunnen (um 1100, Zugang über das linke Seitenschiff) und die **Barbarakapelle**, ein heute isolierter Trikonchos, der ursprünglich eine Seitenkapelle der karolingischen Kirche war (9. Jh., Zugang über den Kreuzgang). Von herausragender Bedeutung ist die **Kapelle des hl. Sylvester**, ein tonnenüberwölbter Rechteckraum mit Cosmatenfußboden und einem friesartig umlaufenden Fresko, das acht Szenen aus der Konstantinslegende zeigt; im Zentrum Konstantin, der Papst Sylvester die Insignien übergibt. 1246 entstanden, sind diese berühmten Fresken ein beredtes Zeugnis für die damaligen Konflikte zwischen kirchlicher und weltlicher Macht – für den Machtanspruch, den Innozenz IV. gegen den Stauferkaiser Friedrich II. erhob.

S. Giovanni in Laterano (Piazza di S. Giovanni in Laterano 4): Die »Mutter aller Kirchen Roms und des Erdkreises«, laut der Inschrift an der Hauptfassade, ist die älteste Papstbasilika, die Kathedrale des Bischofs von Rom und noch vor dem Petersdom die wichtigste Kirche der Katholiken überhaupt. Der Baukomplex besteht aus der Kirche und einem nördlich angrenzenden Palast mit Baptisterium im Nordosten. Er ist – auf exterritorialem Gebiet gelegen – dem Kirchenstaat zugehörig. Die wohl 312 von Konstantin nach seinem Sieg über Maxentius gelobte und um 330 entstandene Kirche entwickelte sich in jenen Jahren, als Byzanz die Hauptstadtfunktionen Roms übernahm, zum Zentrum der päpstlichen Stadt. Sie erhebt sich auf antiken, bis heute nicht vollständig identifizierten Ruinen, wohl einem nach dem Sieg Konstantins eingeebneten Kasernenkomplex gegnerischer Truppen. Im frühen 4. Jh. entstand ein fünfschiffiger Basilikabau ohne Querhaus von etwa 100 × 54 m. Die äußeren Schiffe wurden im Laufe der Zeit in Kapellen und, im Norden, zu einer räumlichen Verbindung zwischen Kirche und Palast umgestaltet. Die **Basilika** wurde zum Muster des christlichen Monumentalbaus schlechthin; das mehrschiffige Baukonzept bildet die Kultgewohnheiten ab: Das durch rote Granitsäulen, prächtige Arkadenbögen und gleich drei Portale besonders betonte Mittelschiff blieb den Prozessionen von Bischof und Klerus vorbehalten, die durch

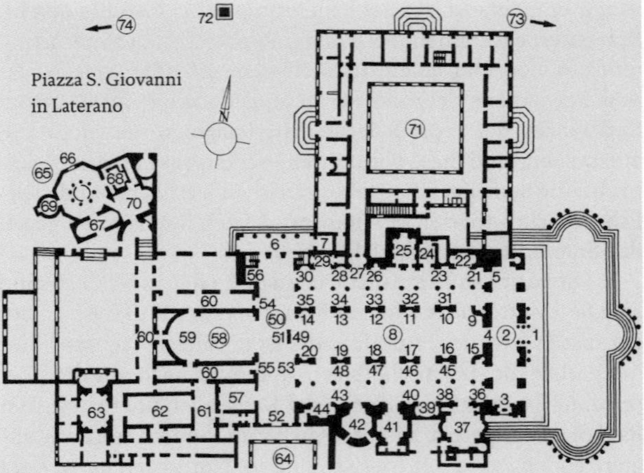

S. Giovanni in Laterano und anliegende Bauten. Grundriss

1 Hauptfassade
2 Vorhalle
3 Konstantin-Statue
4 Hauptportal, antike Bronzetür
5 Porta Sancta
6 Querhausfassade, Nordvorhalle
7 Statue Heinrichs IV. von Frankreich
8 Langhaus
9–20 Apostelstatuen
9 Judas Thaddäus
10 Matthäus
11 Philippus
12 Thomas
13 Jacobus maior
14 Paulus
15 Simon
16 Bartholomäus
17 Jacobus minor
18 Johannes
19 Andreas
20 Petrus
21 Grabmal Kardinal P. Mellinis
22 Cappella Orsini
23 Grabmal Kardinal G. Acquavivas
24 Cappella Torlonia
25 Cappella Massimo
26 Grabmal Kardinal C. Rasponis
27 Portal zum Lateranpalast
28 Grabmal Kardinal Casatis
29 Cappella S. Giovanni Ev.
30 Grabmal Kardinal A. Martinez' de Chaves
31 »Ausrufung des 1. Hl. Jahres durch Bonifaz VIII.«, Freskenrest (Giotto?)
32 Grabmal Papst Silvesters II.
33 Grabmal Papst Alexanders III.
34 Grabmal Papst Sergius' IV.
35 Grabmal Kardinal R. Farneses
36 Grabmal Kardinal R. Annibaldis
37 Cappella Corsini

grüne Granitsäulen unterteilten Seitenschiffe den Gläubigen, die als Zuschauer am Messopfer teilnahmen. Den Höhepunkt des Zeremoniells verkörperte der in der Apsis thronende Bischof. Der **Kreuzgang** (1232) im Süden ist mit den wichtigsten Werken römischer Cosmatenkunst, wie Mosaikintarsien und zierlichen doppelten Korkenziehersäulen, ausgestattet (Zugang über die Kapelle im letzten Querjoch). 1308 wurden weite Teile des Komplexes durch einen Brand zerstört; bis dahin hatten hier die Päpste residiert. Die im Wesentlichen barocke Renovation der Kirche dauerte Jahrhunderte an, wobei an Bausubstanz und Gesamtkonzeption festgehalten wurde. Hervorzuheben sind die Vorhalle des Querhauses (Domenico Fontana, 1586–90), der prachtvolle barocke Innenausbau (Francesco Borromini, 1646–49), die monumentale Fassade (Alessandro Galilei, 1733–35) und der Neubau des Chors (1884–86). Bemerkenswert sind die 7 m hohen 15 Attikafiguren und die

---

38 Grabmal Kardinal G. Biancos
39 Cappella Antonelli
40 Grabmal Kardinal B. Caracciolos
41 Cappella Santori (S. Severina)
42 Cappella Lancellotti
43 Grabmal G. Casanates
44 Cappella S. Ilario, Zugang zum Kreuzgang
45 Grabmal G. Lanciutis
46 Grabmal Bischof G. Garimbertis
47 Grabmal A. Burgios
48 Grabmal Kardinal L. Sassos
49 Confessio, Grabplatte Papst Martins V.
50 Querhaus
51 Papstaltar
52 Sakramentsaltar
53 Grabmal E. Savellis
54 Grabmal Papst Innozenz' III.
55 Grabmal Papst Leos XIII.
56 Cappella del Crocefisso
57 Cappella Colonna
58 Chor
59 Apsismosaik J. Torritis
60 »Porticus Leonina«, Korridor
61 Alte Sakristei
62 Sala Clementina, Kanonikersakristei
63 Neue Sakristei
64 Kreuzgang
65 Baptisterium S. Giovanni in Fonte
66 Baptisteriumseingang
67 Cappella SS. Rufina e Seconda, ehem. Narthex
68 Cappella S. Giovanni Ev.
69 Cappella S. Giovanni Batt.
70 Cappella S. Venanzio
71 Lateranpalast
72 Obelisk
73 SS. Salvatore della Scala Santa
74 Ospedale S. Giovanni

von der Curia am Forum Romanum stammende antike Bronzetür des Hauptportals. Die Kirche ist reich mit Skulptur, Stuck, Mosaiken, Fresken und wertvollem Gerät, wie dem konstantinischen Osterleuchter, ausgestattet. In den Kapellen, Seitenschiffen und der Vorhalle finden sich zahlreiche herausragende Grabdenkmäler. Das **Baptisterium S. Giovanni in Fonte** geht auf eine 315 über einer antiken Therme errichtete Taufkirche zurück. Der oktogonale Zentralbau mit niedrigem, tonnenüberwölbtem Umgang wurde bis zum 7. Jh. um diverse Kapellen erweitert, darunter die Johanneskapelle mit der berühmten Bronzetür aus dem 5. Jh. und die Cappella SS. Rufina e Seconda (um 1150). Der niedrige Umgang wurde der Höhe des Mittelraumes angepasst (Mitte 16. Jh.).

Die Frühgeschichte des **Lateranpalastes**, in dem 1123–1215 vier Konzilien stattfanden und der ebenfalls 1308 niederbrannte, ist wenig bekannt. In seiner heutigen Form geht er auf einen Neubau unter Papst Sixtus V. zurück (Domenico Fontana, spätes 16. Jh.). Er fungierte nur noch als Sommerpalast, da seit 1377 der Vatikan neue Papstresidenz war; die Anlage besteht aus einer Agglomeration von Wohn- und Repräsentationstrakten, Kapellen, Aulen, Speisesälen und Kreuzgängen. Sie erinnert an ein antikes Peristylhaus und öffnet sich im Osten zur Piazza S. Giovanni in Laterano. Der **Obelisk des Pharaos Thutmosis III.** (reg. 1479–1429 v. Chr.) aus der Tempelanlage Karnak sollte unter Kaiser Konstantin (frühes 4. Jh.) in das Hippodrom von Konstantinopel verfrachtet werden. Nach dem Tod Konstantins ließ ihn sein Nachfolger Constantius jedoch nach Rom bringen und auf der Spina des Circus Maximus aufstellen. Er wurde im Kontext des Palastneubaus 1588 hier aufgerichtet. Mit knapp 50 m Höhe ist er nicht nur der größte Obelisk Roms, er gilt auch als der schönste.

Das **Casino Massimo** (Via Matteo Boiardo 16), heute im Besitz der Franziskaner, war einst das Gartenhaus der abgebrochenen Villa Giustiniani (17. Jh.). Im späten 18. Jh. gehörte die Villa dem mit einer sächsischen Prinzessin verheirateten Carlo Massimo. Er ließ ab 1817 drei Räume des Casinos von Peter Cornelius und Friedrich Overbeck mit Dantes *Göttlicher Komödie*, Ariosts *Orlando* und Tassos *Befreitem Jerusalem* ausmalen. Weitere Künstler waren Philipp Veit, Julius Schnorr von Carolsfeld, Josef Anton Koch und Joseph von Führich – bis auf Koch alle ›Nazarener‹: Die Fresken gelten als das bedeutendste Gesamtkunstwerk dieser frühromantischen Künstlergruppe.

S. Croce in Gerusalemme (Piazza di Santa Croce in Gerusalemme 12) zählt zu den sieben Hauptkirchen Roms; hier werden hochverehrte Reliquien verwahrt, u. a. Teile des Kreuzes Christi, die Dornen seiner Krone und der Finger des ungläubigen Thomas. Der Bau steht auf Terrain, das im frühen 4. Jh. Latifundium Kaiser Konstantins war und frühere antike Bauten, wie einen Palast Kaiser Elagabals (reg. 218–222), das sog. **Sessorium** samt dem **Amphitheatrum Castrense**, miteinschloss. Ein großer Saal dort wurde um 350 in eine Kirche umgewandelt, in der die von Helena (Mutter Konstantins) aus dem Heiligen Land mitgebrachten Kreuzreliquien verwahrt wurden. Der Saal wurde dafür um eine Apsis an der Ostseite erweitert, in seiner ursprünglichen Richtung gedreht und damit die erste gezielt nach Osten ausgerichtete Kirche Roms. Der Neubau einer dreischiffigen Basilika mit separatem Campanile, wie er der gewaltigen Bedeutung von Reliquien damals entsprach, erfolgte unter Papst Lucius II. (ab 1144); hiervon stammen der Mosaikfußboden und die Patriarchen- und Prophetenmedaillons im Obergaden. Die mit Mosaiken und Fresken reich ausgeschmückte Helenakapelle dient als Reliquienkammer (um 1500, Treppe rechts der Apsis). Unter Benedikt XIV. wurde die Kirche 1743/44 barock umgestaltet, mit dem Deckenfresko der Heiligsprechung Helenas und Konstantins.

Basilica Sotterranea (Via Prenestina 17): Diese 1917 bei Bauarbeiten entdeckte unterirdische Anlage nahe der Porta Maggiore ist trotz ihres sehr guten Erhaltungszustands in ihrer einstigen Funktion rätselhaft. Es handelt sich um eine wohl schon in der Antike unterirdisch angelegte dreischiffige Basilika mit Vorhalle, über die das Hauptschiff mit Apsis zugänglich war. Der tonnenüberwölbte Bau maß 12 × 9 m. Sehenswert sind die Fußbodenmosaiken und feinen Stuckaturen, die Decke und Wände überziehen; stilistische und motivische Details datieren den Bau in die 1. Hälfte des 1. Jh.s. Aufgrund der mythologischen Darstellungen interpretiert man ihn als Kultraum einer neupythagoräischen Gemeinde.

Eurysacesgrab (Piazzale Labicano): Eines der seltsamsten Grabdenkmäler des antiken Rom ist das des Bäckers und Großhändlers für Getreide Eurysaces. Sein Grabmal bildet einen Kornspeicher nach, der sich auf einem Sockel erhebt und mit Belüftungslöchern durchsetzt ist. Der Relieffries oben zeigt die Herstellung von Brot und dessen Verkauf. Die Inschrift verkündet stolz: »Dies ist das Denkmal des Marcus Virgilius Eurysaces, des Bäckers und Großhändlers.«

Die **Porta Maggiore** (Porta Prenestina, Piazza di Porta Maggiore) unter der 38–53 erbauten Aqua Claudia bezieht den Aquädukt in die Aurelianische Stadtmauer mit ein. Der Durchgang wurde zu einem festungsartig mit Türmen geschützten Tor umgestaltet. Der Komplex wurde bei Umbauten des römischen Straßennetzes 1834 und 1915 weitgehend abgerissen.

S. Bibiana (Via Giovanni Giolitti 154) geht auf eine Kultstätte zurück, die nach der Ermordung der hl. Bibiana unter Kaiser Julian Apostata 363 an der Stelle ihres Wohnhauses entstanden sein soll. Fundamente des 4. Jh.s konnten bei Ausgrabungen 1961 gesichert werden. Ein nicht mehr gut erhaltener Bau aus dem frühen 13. Jh. war die Basis für eine grundlegende Restaurierung unter Urban VIII. (Papst 1624–26), nach der ›Auffindung‹ der Gebeine der hl. Bibiana, ihrer Schwester und ihrer Mutter. Der junge Bernini gestaltete Fassade und Hochaltar der Kirche neu, Pietro da Cortona und Agostino Ciampelli verantworteten die Ausmalung.

Vom Caelius über San Saba und Testaccio zum Aventin

Die Hügel Caelius und Aventin liegen innerhalb des Servianischen Mauerrings, jedoch außerhalb der mythischen Stadtgrenze. Der Aventin war in der Antike von ärmeren Schichten und Fremden bewohnt, die hier rege Geschäfte betrieben. Als auf dem Palatin kaiserliche Paläste entstanden, wandelte sich dies rapide. Unter Kaiser Claudius im 1. Jh. wurden beide Anhöhen formell in das Stadtgebiet einbezogen. Der Aventin entwickelte sich zum bevorzugten Wohnort der Aristokratie, die ursprünglich heimische Bevölkerung zog in das Stadtzentrum (Subura); auch aus dem ärmlichen Caelius wurde ein ›gutes‹ Viertel. Der Monte Testaccio in der Nähe des Tiberhafens war in der Antike mit seinen Lagerbauten Logistikzentrum Roms und ist heute Namensgeber des quirligen Szeneviertels Testaccio.

SS. Giovanni e Paolo (I E8) ist den Offizieren Johannes und Paulus geweiht, die 362 unter Kaiser Julian Apostata, zu Zeiten radikal antichristlicher Tendenzen, wegen ihres Glaubens hingerichtet wurden. Der Bau geht auf eine Hauskirche des 3. Jh.s zurück. Im späten 4. Jh. entstand, als Neubau, eine dreischiffige Basilika; im 12. Jh. wurde dieser Bau zur romanischen Kirche umgestaltet (durch die Vermauerung der Apsisfenster entstand ein erhebliches Beleuchtungsproblem) und um den Campanile ergänzt, der sich auf den Resten eines römischen, wohl Kaiser Claudius geweihten **Tempels** erhebt.

1715–19 wurde das Innere vollständig barockisiert (teilweise Entbarockisierung 1948–51); in einer letzten Bauphase wurde die Kirche im 19. Jh. um Sakristei und Kuppelkapelle ergänzt. Das Äußere der Kirche und ihre topographische Einbindung entsprechen beinahe dem Erscheinungsbild in frühchristlicher Zeit; z. T. ist das Straßenpflaster der engen Straße Clivo di Scauro (*Clivus Scauri*) noch antik, ebenso die Bodenniveaus, ein für Rom relativ seltenes Phänomen. Unter der Kirche (Zugang über das rechte Seitenschiff) befinden sich ein antikes Nymphäum mit einem vorzüglich erhaltenen Fresko (Venus und Bacchus mit Gefolge), weitere Räume mit Fresken christlicher Thematik und im Zentrum der Hauskirchenanlage ein freskiertes Oratorium. Über das linke Seitenschiff erreicht man ein weiteres unterirdisches Oratorium mit Fresken des 12. Jh.s. In den Substruktionen des den Campanile fundamentierenden römischen Tempels ist ein kleines **Museum** eingerichtet, das die originalen Majoliken des für Rom sehr untypischen Campanile bewahrt.

S. Gregorio Magno (**SS. Andrea e Gregorio al Celio**, I E8): Auf dem Caelius haben sich zahlreiche Reste aus antiker und frühchristlicher Zeit erhalten. Erschlossen wurde das spätantike Wohnquartier durch den *Clivus Scauri*. Hier erhob sich das Elternhaus von Papst Gregor I. (gest. 604), der es 580 in eine Benediktinerabtei umwandelte (dem hl. Andreas gewidmet). Das Kloster entwickelte sich zu einem wichtigen kirchlichen Zentrum Roms. Ihm zugehörig sind zwei auf antiken Bauresten errichtete Oratorien. Der Kirchenneubau (um 1100), nun Gregor geweiht, wurde ab 1629 barockisiert. Fast palastartig wirkt die doppelgeschossige Fassade (Giovanni Battista Soria, 1633), die sich über einer breiten Freitreppe erhebt, hinter ihr führt ein Atrium in die dreischiffige Basilika. Zeitgleich wurde das **Oratorium S. Andrea** errichtet (1608 umgestaltet), mit Malereien von Domenichino und Guido Reni.

S. Maria in Domnica (**La Navicella**, I F8) wurde unter Papst Paschalis I. im frühen 9. Jh. gegründet und mehrfach restauriert, u. a. im 15., 16., 19. und 20. Jh. Die sehenswerten Mosaiken der karolingischen Erstausstattung zeigen am Triumphbogen Christus umgeben von zwei Erzengeln und den zwölf Aposteln und in der Apsis die Muttergottes. Die dreischiffige Basilika mit breitem Mittelschiff und sehr schmalen Seitenschiffen ist kassettenüberdacht (16. Jh.). Außen dominiert die Vorhalle aus der Hochrenaissance den optischen Eindruck. Die Kirche erhielt ihren Beinamen wegen des kleinen Brunnens auf dem Vorplatz – die **Fontana della Navicella** ziert ein Marmorschiff (erbaut oder erneuert unter Papst Leo X. 1513/14).

S. Stefano Rotondo (I F8): Der Rundbau, ursprünglich eine Kopie der konstantinischen Grabeskirche in Jerusalem, wurde unter Papst Simplicius in der 2. Hälfte des 5. Jh.s über dem Mithräum eines antiken Kasernengeländes errichtet. Bedeutend wurde die Kirche im 7. Jh., als hier erstmals Märtyrerreliquien aus römischen Katakomben in eine eigens eingerichtete Kapelle überführt wurden – das im Niedergang befindliche Papsttum erhob den Anspruch auf Gefolgschaft der eigenen Gläubigen und auch des Patriarchen von Konstantinopel als dem Repräsentanten der ›konkurrierenden‹ Ostkirche und wollte diesen Anspruch hier auch architektonisch sichtbar machen. Im Grundriss wurde die Form eines griechischen Kreuzes außen von einem Ring eingefasst. Die Kreuzflügel waren durch doppelte, höhenmäßig abgestufte Umgänge miteinander verbunden; am Übergang zwischen den Flügeln und den Umgängen standen Pfeilerarkaden. Das obere Geschoss des zweigeschossigen Mittelrundbaus wird aus 22 architravüberspannten ionischen Säulen gebildet. Später aber wurde der äußere Ring entfernt, was den Durchmesser von 65 auf nur noch 40 m reduzierte. Die 34 Säulen, die den inneren vom äußeren Ring trennten, wurden in die neue Außenmauer integriert (Renovierungen sind im späten 8. Jh., im mittleren 12. Jh. und 1452–54 bezeugt; der drastische Umbau fand in der 2. oder 3. Phase statt). Die Mosaikausstattung des 6. Jh.s ist vollständig verloren. Lediglich in der Kapelle der hll. Primus und Felicianus birgt einer der Kreuzarme in der Apsis Mosaiken der beiden Heiligen aus dem 7. Jh., die einen Eindruck von der einstigen Ausstattungspracht geben können. Heute dominiert ein martialischer Freskenzyklus (spätes 16. Jh.) die Umgangswand, der in 31 Szenen die Martyrien verschiedener Heiliger schildert.

S. Giovanni a Porta Latina (Via di Porta Latina 17) liegt neben der Aurelianischen Stadtmauer. Ein Bau aus dem 5. Jh. wurde 720 durch einen Neubau ersetzt; im späten 12. Jh. wurde dieser zu einer dreischiffigen Basilika aus Backstein mit offenem Dachstuhl und sechsstöckigem Campanile normannischer Art umgestaltet. Langobardische Ornamentplatten (im Narthex) und antike Säulen (im Narthex und zwischen Mittelschiff und Seitenschiffen) finden sich als Spolien verbaut. Das Langhaus zeigt einen stauferzeitlichen Freskenzyklus (frühes 13. Jh.): 46 Szenen aus dem Alten und Neuen Testament in volkstümlicher Bildersprache. Der Bau wurde 1566 barockisiert; heute präsentiert er sich, nach Restaurierung und Entbarockisierung in den 1940er Jahren, in seinem mittelalterlichen Erscheinungsbild.

Caracallathermen (I E10): Die unter Caracalla 212–216 erbaute Anlage besteht wie alle Thermen des ›Kaisertypus‹ aus zwei ineinandergefügten Komplexen. Eine Umfassungsarchitektur (um 220; 337 × 328 m) umschließt eine Parkanlage, in der sich quergelagert das Badehaus (220 × 114 m) erhebt. Die Rahmungsarchitektur weist an den Seiten zwei große Exedren (einst mit Gymnastikräumen und Vortragssälen) auf, links und rechts des Haupteingangs im Norden erstreckten sich zahlreiche Läden und Büros. Im südlichen Bereich lag ein Wasserreservoir mit knapp 800 m^3 Fassungsvermögen, das an eine neugeschaffene Verzweigung der Aqua Marcia, den Aquädukt Aqua Antoniniana, angeschlossen war. Links und rechts daneben erhoben sich zwei kleine Bibliotheken. Das Badehaus besteht aus zwei achsensymmetrischen Trakten für Männer und Frauen mit getrennten Umkleiden und Sportstätten. Die zentralen Baderäume (Heißbad/*caldarium*, Warmbad/*tepidarium*, Kaltbad/*frigidarium*, Schwimmbad/*natatio*) wurden gemeinsam genutzt. Badebetrieb ist bis zur Unterbrechung der Wasserzufuhr 537 bezeugt. Seit dem 16. Jh. fanden in den stattlichen Ruinen Ausgrabungen statt, die zahlreiche Kunstwerke ans Tageslicht brachten, wie den gewaltigen Herkules und eine Stiergruppe (heute im Museo Nazionale in Neapel). Der Bau bestand im Kern aus Ziegeln, einem ähnlich flexiblen Material wie dem weiter verbreiteten Gusszement: Große Volumen in anspruchsvollen Formen, wie Apsiden und Gewölbe, konnten zügig realisiert werden. Die in Ansätzen noch erhaltenen Kuppeln, Halbkuppeln, Tonnen- und Kreuzgratgewölbe geben einen guten Eindruck von den bautechnischen Möglichkeiten der damaligen Architektur. Die Verkleidung bestand aus Buntmarmoren, Granit- und Porphyrplatten und erweckte den Eindruck von Materialluxus. Beheizt wurde die Therme über Fußboden- und Wandheizungen. Eine Brennkammer (*praefurnium*) war der Ausgangspunkt eines Heißluftstroms, der unter dem auf geziegelten Ständern gelagerten Fußboden (Hypokaustenheizung) und in den Hohlziegeln der inneren Wandschichten entlangzog und die massiv gedämmten Warmräume auf bis zu 45°C aufheizte.

S. Saba (I D10): Im Zuge der maurisch-islamischen Eroberungen Palästinas erhielten Exilmönche aus dem Kloster Nea Laura bei Bethlehem (gegründet wohl durch den hl. Sabas) in Rom einen Apsidensaal des späten 4. Jh.s als Oratorium. Bald entstand ein neues Kloster mit der 650 gegründeten Kirche. Die Mönche spielten in den Beziehungen zwischen Rom und der Ostkirche im 10. Jh. in diplomatischer Hinsicht eine Rolle. Im späten 10. Jh. wurde die Kirche den Benediktinern übergeben; 1145 initiierten die Cluniazenser den Bau einer neuen dreischiffigen Basilika mit offenem Dachstuhl. Sieben Säulenpaare mit Kapitellen und Basen aus Spolien trennen die Schiffe, die je in einer eingezogenen Apsis enden. An das linke Seitenschiff schließt ein ungewöhnlicher Anbau mit Fresken des 13. Jh.s an, dessen Bedeutung bis heute nicht klar ist. Das **Oratorio di S. Silvia** (Zugang über die Treppe in der Vorhalle), ein Apsidensaal mit einer älteren Baustruktur, wurde in den Kirchenneubau des 12. Jh.s integriert. Im benachbarten **Gemeindehaus** sind bedeutende Fresken des 7.–10. Jh.s ausgestellt, die u. a. Heiligenköpfe und Szenen der Christusvita zeigen.

Porta Ostiense (Porta S. Paolo, I C11): Das in die Servianische Mauer gebaute Tor des 4. Jh.s mit zwei Durchgängen wurde unter Kaiser Honorius (reg. 395–423) zur Landseite hin auf einen Durchgang reduziert und mit massiven Türmen bewehrt; hier findet sich das kleine archäologische **Museo della Via Ostiense**.

Cestiuspyramide (I C11): Das ungewöhnliche Grabdenkmal (12 v. Chr.) des Gaius Cestius, eines Mitglieds der Honoratiorenschicht aus dem Umkreis des Augustus, fällt durch seine weiße Marmorverkleidung (Kern Gussmörtel, Sockel mit Travertin verkleidet) auf. Die Grabkammer im Inneren ist über einen engen, 10 m langen Korridor zugänglich und misst knapp 6 × 4 m. Die Pyramide hat eine Kantenlänge von 29,5 m und eine Höhe von 36,4 m, die Spitze war ursprünglich wohl vergoldet. An den vier Eckpunkten erhoben sich Säulen, die Statuen trugen; zwei von ihnen wurden bei Ausgrabungen 1663 wieder aufgestellt. Laut einer Inschrift an der Ostseite war der Bau in nur 330 Tagen vollendet. Später wurde er in der Aurelianischen Stadtmauer verbaut.

Monte Testaccio (Monte dei Cocci; I A/B11): Der Monte dei Cocci ist ein knapp 40 m hoher Hügel von gut 800 m Umfang. Er besteht zur Gänze aus Scherben antiker Transportkeramik, meist großvolumiger Amphoren (über eine Rampe wurden sie hierher verbracht). Das Gros der Gefäße entstammt der Zeit um 140–250, von Olivenöltransporten aus Südspanien. Der Scherbenberg bildet ein einmaliges Archiv antik-römischer Wirtschaftsgeschichte. Der Tiberhafen lag in unmittelbarer Nähe: Ein Großteil der Versorgung der Stadt lief mittels Schiffstransport hier ein. Von dieser großen stadtrömischen Hafenanlage (Haupthäfen waren Ostia und Portus an der Tibermündung, von wo aus der Stadthafen im Pendelbetrieb versorgt wurde) ist der Monte Testaccio das einzige noch gut sichtbare Überbleibsel. Neben den Kai- und Werftanlagen gab es v. a. große Speicherbauten (*horrea*) und Markthallen, wie die **Porticus Aemilia**, unter den Zensoren Aemilius Lepidus und Aemilius Paullus 193 v. Chr. erbaut. Diese vielräumige Geschäftspassage von ca. 500 m Länge und 60 m Breite gehörte zu den größten Gebäuden, die je in Rom erbaut wurden. Heute findet man in dem Viertel Testaccio viele Restaurants, Weinkeller und das Kulturzentrum ›Ex Mattatoio‹.

S. Maria del Priorato (I B9), mit Annexbauten, Platz- und Gartenanlagen, wurde von Giovanni Battista Piranesi (weltbekannt für Romveduten) für den Großprior des Malteserordens Giovanni Rezzonica 1764–66 erbaut. Es handelt sich um Piranesis einziges architektonisches Werk. Die kleingliedrige, detailreich mit Licht und Schatten spielende Kirchenfassade gilt als Muster- und Pionierstück des ganz an antiken Formen orientierten römischen Klassizismus. Im hellen, klar gegliederten Innenraum findet sich in der zweiten Nische rechts das Grabdenkmal Piranesis (Giuseppe Angelini, 1780).

S. Sabina (I B8): 422–432 über einem herrschaftlichen antiken Haus als Nachfolger einer privaten Hauskirche errichtet,

S. Sabina, Himmelfahrt des Elia, Zedernholzrelief an der Eingangstür, um 430

hat die lichtdurchflutete dreischiffige Basilika bis heute ihre spätantike Gestalt als kleine Gemeindekirche im Wesentlichen bewahrt. Aus dieser Zeit stammen die Marmorinkrustationen im Mittelschiff über den Bogenarkaden der 24 kannelierten korinthischen Säulen (Spolien des 2. Jh.s?; die Mosaiken in der Wandzone darüber sind verloren), ferner das ›Stiftermosaik‹ mit der Widmungsinschrift und den beiden umgebenden Symbolfiguren an der Eingangswand sowie die berühmte Zedernholztür mit Reliefbildern (um 430), die als die besterhaltenen Holzschnitzereien aus der Antike gelten. 18 von einst 28 Bildfeldern mit biblischen Themen sind erhalten (acht groß- und zehn kleinformatige). Sie sind in symmetrischer Reihung auf einem nachantiken Türkörper mit Rahmung präsentiert. Die Anordnung unbekannten Datums und nach undefinierbaren Kriterien entspricht nicht der originalen Situation. Unter Papst Eugen II. wurde das Interieur mit einer neuen Marmorausstattung (wie den Altarschranken) versehen (824/825). Die Barockisierung im 16. Jh. brachte den Anbau der Vorhalle und den Austausch des Apsismosaiks gegen ein Fresko (1559). 1914–19 und 1936–38 wurde der Bau in den Zustand des 5. Jh.s zurückversetzt.

Rom außerhalb der Stadtmauer

Der Westen (s. Übersichtskarte)

Der heutige **Vatikanstaat** bedeckt mit 0,44 km² Fläche als kleinster Staat der Welt (die Einwohnerzahl wird auf ca. 1000 geschätzt) nur einen kleinen Teil des in der Antike *ager Vaticanus* genannten Gebietes, das sich links des Tiber zwischen Gianicolo, Mons Vaticanus und Monte Mario erstreckte und in dem es viele suburbane Villen gab. Unter dem heutigen Ospedale S. Spirito haben sich Reste einer Nero (reg. 54–68) zugeschriebenen palastartigen Baustruktur erhalten. Bezeugt ist, dass Caligula (reg. 37–41) hier einen 300 m langen Circus errichten ließ; er erstreckte sich wohl unter den südlichen Kolonnaden des Petersplatzes bis über die Südwestecke des Petersdoms hinaus: Etwas außerhalb der Bernini-Arkaden wurden Reste der *carceres* (Startplätze für Rennwagen) gefunden. Der Circus war für das Selbstverständnis des frühen Christentums von großer Bedeutung, denn hier ließ Nero im Jahr 64 zahlreiche Christen hinrichten, unter ihnen möglicherweise auch Petrus. Bereits im 2. Jh. wurden an der nach Nordwesten führenden Via Aurelia erste Gräber angelegt: Bald sollte eine ganze Nekropole den Circus überlagern.

1642–44 wurde der Vatikan mit neuen Mauerzügen in die römische Stadtbefestigung eingegliedert. Mit der Einnahme Roms 1870 durch Truppen des italienischen Königs wurde der Kirchenstaat mit seinen umfangreichen Besitzungen in Italien aufgelöst, die Päpste zogen sich ins Exil in den Vatikan zurück. Ein Angebot auf begrenzte Souveränität durch König Vittorio Emanuele II. lehnte Papst Pius IX. 1871 ab, so dass die ›Römische Frage‹ erst in den Lateranverträgen unter Mussolini 1929 (Ort der Unterzeichnung war die Lateranbasilika) geklärt wurde: Der souveräne *Stato della Città del Vaticano* wurde darin in seiner heutigen Form garantiert. Neben dem vatikanischen Gelände selbst gehören noch einige exterritoriale Gebiete zum Vatikanstaat: die Kirchen S. Giovanni in Laterano (S. 113), S. Paolo fuori le Mura (S. 167), S. Maria Maggiore (S. 105), einige Stadtpalazzi, eine Villa mit Kinderklinik auf dem Gianicolo und die Sommerresidenz des Papstes in Castelgandolfo. Für Besucher frei zugänglich sind nur Petersplatz und Petersdom mitsamt Audienzhalle, Campo Santo Teutonico, S. Anna und die Vatikanischen Museen.

Piazza San Pietro: Der Petersplatz besteht eigentlich aus zwei Plätzen – die unmittelbar vor dem Petersdom gelegene trapezförmige Piazza Retta ist direkt mit einem an den Querseiten geöffneten Langoval verbunden. An dessen Öffnung zur Stadt beginnt die prachtvolle Via della Conciliazione (Piacentini, 1936), für deren Bau das historische Stadtviertel Borgo abgerissen wurde; sie endet am Tiber. Politisch gesehen ist der Petersplatz vatikanisches Staatsgebiet, doch die Stadt Rom sorgt für die Sicherheit, denn die Schweizer Garde könnte dies schon rein zahlenmäßig nicht leisten. Der Platz gilt als das Meisterwerk Berninis; er entstand 1656–67 als Abschluss des Petersdom-Neubaus (1506 begonnen). Das Oval misst 340 × 240 m und ist von vierfachen, 17 m tiefen Kolonnaden halbkreisförmig umgeben. Insgesamt 284 dorische Säulen und 88 Pfeiler aus Travertin tragen eine Balustrade, auf der 140 Heiligenfiguren stehen. Im Pflaster des Platzes geben rechts und links zwei Granitscheiben die ›Brennpunkte‹ der Ellipsen an: Von diesen Punkten aus erscheinen die jeweils hintereinanderstehenden vier Säulen der Kolonnaden wie eine einzige. Zwei Brunnen mit großen Granitschalen zieren die Seiten des Platzes. Die Platzmitte wird von dem knapp 26 m hohen und 322 Tonnen schweren Obelisken aus Heliopolis markiert; er hatte zuvor auf der *spina* von Caligulas Circus gestanden (seit

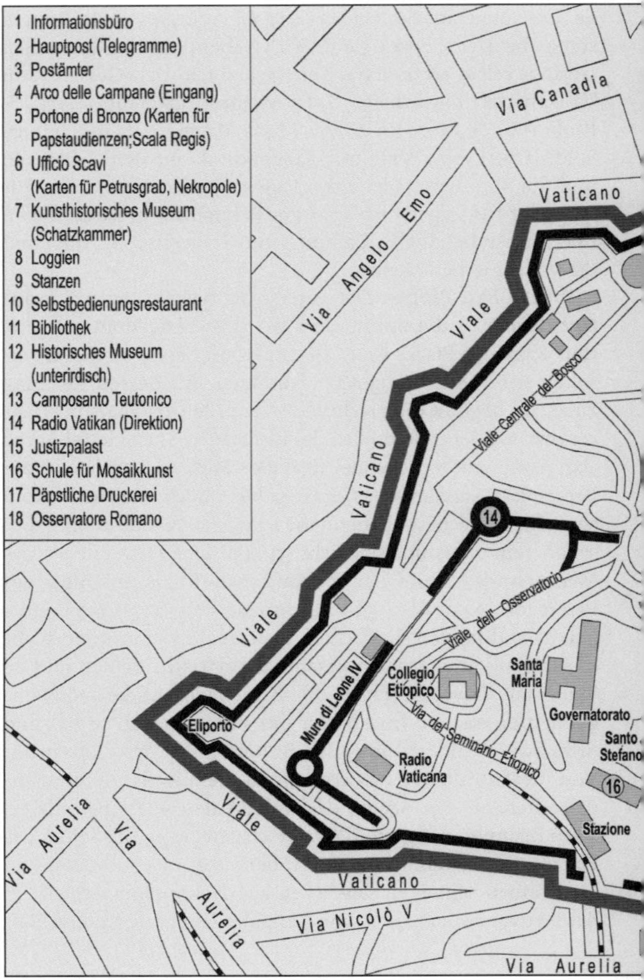
1 Informationsbüro
2 Hauptpost (Telegramme)
3 Postämter
4 Arco delle Campane (Eingang)
5 Portone di Bronzo (Karten für Papstaudienzen;Scala Regis)
6 Ufficio Scavi (Karten für Petrusgrab, Nekropole)
7 Kunsthistorisches Museum (Schatzkammer)
8 Loggien
9 Stanzen
10 Selbstbedienungsrestaurant
11 Bibliothek
12 Historisches Museum (unterirdisch)
13 Camposanto Teutonico
14 Radio Vatikan (Direktion)
15 Justizpalast
16 Schule für Mosaikkunst
17 Päpstliche Druckerei
18 Osservatore Romano
Via Canadia
Viale Vaticano
Via Angelo Emo
Viale Vaticano
Viale Centrale del Bosco
14
Viale dell' Osservatorio
Viale Vaticano
Mura di Leone IV
Eliporto
Collegio Etiopico
Santa Maria
Governatorato
Santo Stefano
Via del Seminario Etiopico
Radio Vaticana
16
Stazione
Via Aurelia
Via Aurelia
Via Nicolò V
Via Aurelia

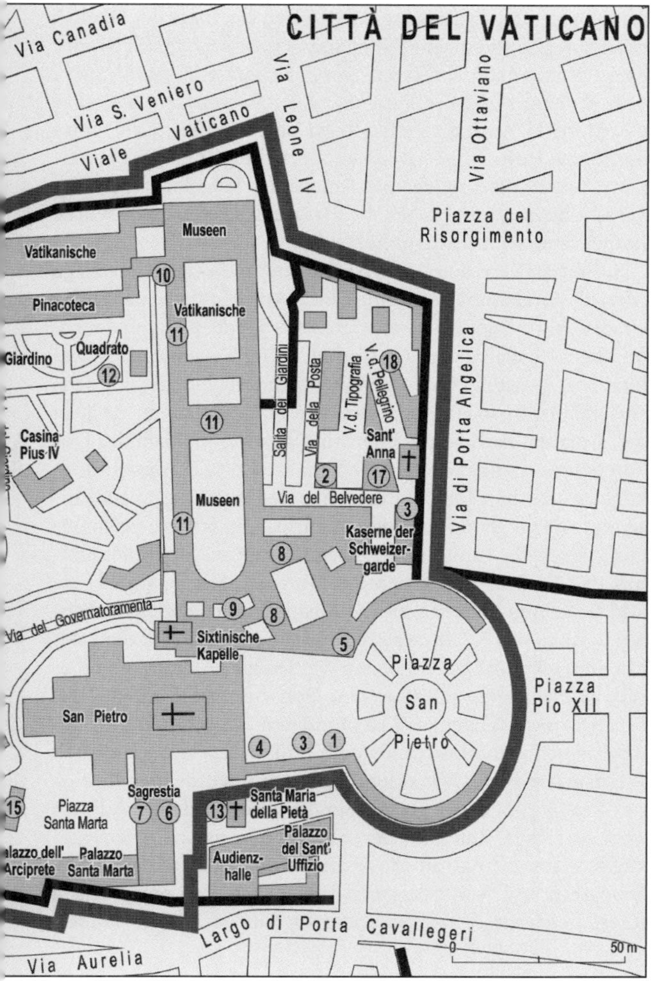

CITTÀ DEL VATICANO
Via Canadia
Via S. Veniero
Viale Vaticano
Via Leone IV
Via Ottaviano
Piazza del Risorgimento
Museen
Vatikanische
10
Pinacoteca
Vatikanische
11
Quadrato
Giardino
12
Salita dei Giardini
Via della Posta
V. d. Tipografia
V. d. Pellegrino
18
Via di Porta Angelica
11
Casina Pius IV
Sant' Anna
2
17
Museen
Via del Belvedere
3
11
Kaserne der Schweizergarde
8
Via del Governatoramenta
9
8
Sixtinische Kapelle
5
Piazza San Pietro
Piazza Pio XII
San Pietro
4
3
1
Sagrestia
15
Piazza Santa Marta
7
6
13
Santa Maria della Pietà
Palazzo del Sant' Uffizio
Audienzhalle
Palazzo dell' Arciprete
Palazzo Santa Marta
Largo di Porta Cavallegeri
Via Aurelia
0
50 m

37; selbst als der Circus längst in Ruinen lag, hatte der Obelisk noch dort gestanden; erst Papst Sixtus V. ließ ihn durch Domenico Fontana 1586 versetzen, unter Einsatz von 44 Winden, 900 Arbeitern und 140 Pferden – die Arbeiten dauerten über vier Monate). Auch die Piazza Retta, deren Stufen zum Petersdom hinaufführen, ist mit einem optischen Kunstgriff konzipiert: Durch die ansteigende Anlage der Flügelbauten meint der sich nähernde Besucher, die Fassade des Petersdoms würde immer schmaler und dafür höher.

◆ **S. Pietro:** Kern des Doms ist eine mehrstöckige Grabanlage (irrig als Katakombe bezeichnet; nach Anmeldung zugänglich). Ursprünglich lagen die Grabstätten des 3. und 4. Jh.s an der römischen Ausfallstraße Via Cornelia. Der Legende nach war hier der Apostel Petrus begraben (christlich-archäologische Ausgrabungen sollen dafür Beweise erbracht haben; doch in der profanen Fachwelt werden sie aufgrund mangelnder Dokumentation angezweifelt). Jedenfalls war die Annahme in konstantinischer Zeit (um 324), hier das Petrusgrab zu lokalisieren, Grund genug, auf diesem aufwendig terrassierten Terrain eine große, fünfschiffige, nach Westen ausgerichtete Basilika (Alt-St. Peter) zu errichten: Mit 119 m Länge, 32 m Höhe und 64 m Breite übertraf sie die Ausmaße der zeitgleich erbauten Basilika von S. Giovanni in Laterano deutlich. Vor der Basilika erstreckte sich im Osten ein weitläufiges Atrium. Von diesem aus gelangte man über eine Porticus in die Kirche. Die fünf Längsschiffe der Basilika mündeten in ein Querschiff mit Apsis. Um die marmorverkleidete Ädikula des vermeintlichen Petrusgrabes in der Mitte der Apsis herum wurde im 7. Jh. eine Art Ringkrypta angelegt; auf diese Weise wurde die Ädikula zum baulichen Zentrum der Anlage. Die im 4. Jh. fertiggestellte Ausstattung mit Mosaiken, vergoldeten Silberaltären, Leuchtern und weiteren sakralen Gerätschaften entsprach in ihrem Reichtum dem repräsentativen Bau, der für Jahrhunderte der vorbildliche Bautypus wurde. Im Umfeld der Kirche entstanden infolge des starken Andrangs der Pilger Kapellen, Klöster, Herbergen und ein Hospiz. S. Pietro, bald eine der wichtigsten Kirchen der Stadt, wurde vielfach ergänzt, zuletzt unter Papst Nikolaus V. 1452–55, als ein Neubau von Chor und Querhaus begonnen wurde; diese Arbeiten blieben nach dem Tod des Papstes unvollendet.

Papst Julius II. ließ 1506 nach einjähriger Beratung über den Bauplan den Grundstein zum Neubau legen; Alt-St. Peter wurde teilweise abgerissen. Donato Bramantes Planung sah einen dreischiffigen Zentralbau in Form eines griechischen Kreuzes vor. Bei seinem Tod existierten vier monumentale Pfeiler der Kuppel mit den Verbindungsbögen und Teilen des südlichen Kreuzarmes. Giuliano da Sangallo und Raffael übernahmen die Bauleitung, verwarfen Bramantes Plan und konzipierten eine dreischiffige Basilika mit Seitenkapellen und Querhaus, formten also den Zentralbau zu einem Longitudinalbau um. Nach Raffaels Tod schwankten die nachfolgenden Architekten Baldassare Peruzzi und Antonio da Sangallo d. J. zwischen beiden Planungen; Sangallo legte den Fußboden des Neubaus für ein Kellergeschoss (sog. Vatikanische Grotten) um 3,20 m höher. 1547 übernahm Michelangelo die Bauleitung und kehrte zum Bramante-Plan mit Änderungen zurück. Unter seiner Regie entstanden große Teile der Kuppel. In der Bauleitung folgten ihm Pirro Ligorio, Vignola, Giacomo della Porta, in dessen Ära (1588–93) die Kuppel vollendet wurde, Domenico Fontana und schließlich Carlo Maderno, der unter Papst Paul V. Raffaels Idee eines Langbaus wieder aufgriff und im Osten eine dreischiffige, drei Joche tiefe Halle hinzufügte (1608–26). Die Ostfassade ist in ihren Maßen (115 m lang, gut 46 m hoch) unglücklich groß proportioniert, da der ursprüngliche Anblick des Kuppelbaus erhalten bleiben sollte, wirkt aber wegen ihrer stark schattenbildenden Gliederung durch

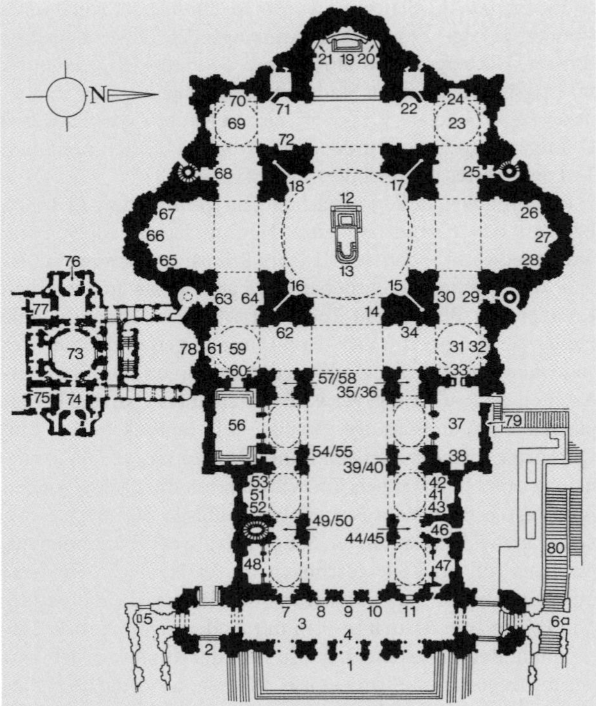

S. Pietro in Vaticano, Grundriss

1 Fassade. Benediktionsloggia
2 Arco delle Campane
3 Vorhalle
4 Fragmente der »Navicella« Giottos
5 Reiterstandbild Kaiser Karls d. Gr.
6 Reiterstandbild Kaiser Konstantins
7 Porta della Morte
8 Porta del Bene e del Male
9 Hauptportal. Bronzetür Filaretes
10 Porta dei Sacramenti
11 Porta Sancta

12 Papstaltar. Ziborium
13 Confessio
14 Hl. Petrus
15 Hl. Longinus. Zugang zu den Vatikanischen Grotten
16 Hl. Andreas
17 Hl. Helena
18 Hl. Veronika
19 Cathedra Petri
20 Grabmal Papst Urbans VIII.
21 Grabmal Papst Pauls III.
22 Grabmal Papst Clemens' X.
23 Cappella S. Michele
24 Petronilla-Altar
25 Grabmal Papst Clemens' XIII.
26 Erasmus-Altar
27 Altar der hll. Processus und Martinianus
28 Wenzels-Altar
29 Grabmal Papst Benedikts XIV.
30 Basilius-Altar
31 Cappella Gregoriana
32 Altar »Madonna der immerwährenden Hilfe«
33 Grabmal Papst Gregors XVI.
34 Hieronymus-Mosaik
35 Grabmal Papst Gregors XIV.
36 Grabmal Papst Gregors XIII.
37 Cappella del SS. Sacramento
38 Franziskus-Altar
39 Grabmal der Markgräfin Mathilde von Tuszien
40 Grabmal Papst Innozenz' XII.
41 Cappella di S. Sebastiano
42 Grabmal Papst Pius' XII.
43 Grabmal Papst Pius' XI.
44 Grabmal Königin Christines von Schweden
45 Grabmal Papst Leos XII.
46 Cappella delle Reliquie
47 Cappella della Pietà. »Pietà« Michelangelos
48 Baptisterium
49 Grabmal Maria Clementina Sobieskas. Zugang zum Dach
50 Stuart-Denkmal
51 Cappella della Presentazione
52 Grabmal Papst Benedikts XV.
53 Grabmal Papst Johannes' XXIII.
54 Grabmal Papst Pius' X.
55 Grabmal Papst Innozenz' VIII.
56 Cappella del Coro
57 Grabmal Papst Leos XI.
58 Grabmal Papst Innozenz' XI.
59 Cappella Clementina
60 Grabmal Papst Pius' VII.
61 Altar Papst Gregors d. Gr.
62 Altar »Verklärung Christi«
63 Grabmal Papst Pius' VIII. Zugang zur Sakristei
64 Ananias- und Saphira-Mosaik
65 Altar »Kreuzigung Petri«
66 Josephs-Altar
67 Thomas-Altar
68 Grabmal Papst Alexanders VII. Tür zur Piazza S. Marta
69 Cappella della Madonna della Colonna
70 Altar Papst Leos d. Gr.
71 Grabmal Papst Alexanders VIII.
72 Altar »Lahmenheilung Petri«
73 Sagrestia Comune
74 Sagrestia dei Canonici
75 Sala Capitolare
76 Cappella dei Beneficiati
77 (und anliegende Räume) Museo Storico Artitico – Tesoro
78 Zugang zur Nekropole
79 Ausgang aus den Vatikanischen Grotten
80 Scala Regia

kolossale korinthische Dreiviertelsäulen in neun Achsen, die Betonung der Mitte und die großen Arkaden der Außenjoche optisch verschmälert. Wichtiger Teil der Fassade ist das mittlere Fenster: Von hier aus spendet der Papst den Segen *urbi et orbi;* und im Falle einer Papstwahl wird hier der Name des Auserwählten verkündet. Auf der Attika stehen knapp 6 m große Statuen von Christus, Johannes dem Täufer und den Aposteln (ausgenommen Petrus). Bernini übernahm 1629 die Bauleitung, errichtete die Platzanlage und verwarf geplante Glockentürme wegen statischer Probleme. Die Uhraufsätze an den Seiten waren die letzte größere Baumaßnahme (Giuseppe Valadier, 1786).

Das **Innere** des Baus hat gigantische Dimensionen: Die 71 m breite, 14 m tiefe und 20 m hohe Vorhalle führt zu fünf mit Bronzegittern versehenen Eingängen, darunter drei Werke des 20. Jh.s und die zweiflügelige Tür des Haupteingangs (Filarete, um 1430), geschaffen für den Umbau der konstantinischen Kirche. Die eigentliche Kirche ist 186 m lang und bietet Raum für 60 000 Personen. Die zweischalige Kuppel, im Durchmesser 42,30 m, mit Laterne 137 m hoch, überspannt gut 15 000 m^2. Im Fußboden des Mittelschiffes sind metallene Längenmarken anderer großer Kirchenbauten für einen Vergleich eingelassen. Trotz der Dimensionen wirkt der Dom, wegen seiner im Prinzip einfachen Baustruktur, übersichtlich. Die Kuppel ruht im Zentrum auf vier fünfeckigen Pfeilern, die den Heiligen Longinus, Andreas, Helena und Veronika geweiht sind – vgl. die monumentalen Statuen mit entsprechenden Reliquien in den inneren Nischen. Nur die wichtigsten Ausstattungsgegenstände des Petersdoms seien hier erwähnt. In der Vorhalle in den Seitennischen finden sich zwei barock-bewegte **Reiterstandbilder**: Karl d. Gr. (Cornacchini, 1725) und Kaiser Konstantin (Bernini, 1663–70); sie lassen die Verklammerung weltlicher und kirchlicher Herrschaft wie selbstverständlich erscheinen.

Am Anfang des Mittelschiffes ist eine rote **Porphyrscheibe** in den Fußboden eingelassen. Sie befand sich früher vor dem Hochaltar der konstantinischen Kirche; hier erhielt im Jahr 800 Karl d. Gr. Salbung und Krone des Imperium Romanum. Jahrhundertelange Verehrung erfuhr die **Bronzestatue des Petrus** auf einem Marmorthron am Longinus-Pfeiler, wohl ein Werk des 13. Jh.s. Als Zentrum der Kirche steht unter der Kuppelmitte über dem vermeintlichen Petrusgrab der unter Papst Urban VIII. entstandene **Papstaltar** (Bernini, 1624–33) mit seinem fast 30 m hohen Bronzebaldachin. Die Bronze für dieses Meisterwerk des Barock ist der Vorhalle des Pantheons entnommen worden. Ebenfalls von Bernini stammt die **Cathedra Petri**, der Lehrstuhl des römischen Bischofs in der Apsis aus vergoldeter Bronze. Rechts davon das Grabmal Papst Urbans VIII. (Bernini, 1647), links das Grabmal Papst Paulus' III. (Guglielmo della Porta, 1575). In der **Cappella della Pietà**, im rechten Seitenschiff beim Eingang, erhebt sich auf einem Altar die berühmte Pietà-Gruppe Michelangelos (1498/99), seit dem Anschlag von 1972 durch Panzerglas gesichert. Sie diente als Schmuck für die Grabstätte eines französischen Kardinals. In der übernächsten Kapelle rechts, der **Cappella di S. Sebastiano**, ist über dem Altar ein Mosaik mit dem Martyrium des hl. Sebastian zu sehen, das nach einem Gemälde entstanden ist. Fast alle Gemälde im Petersdom wurden in Mosaiken umgesetzt und in die Vatikanischen Museen überführt. In der Kapelle erheben sich die Grabmäler der Päpste Pius XI. (1939) und Pius XII. (1963). Die anschließende große **Cappella di SS. Sacramento** wurde von Pietro da Cortona gestaltet, Bernini schuf den Altar, Borromini das prunkvolle Eisengitter. Die gegenüberliegende **Cappella del Coro** mit ihren reichen Stuckaturen wird für die Messen des Domkapitels genutzt. Über das linke Seitenschiff gelangt man zur **Sakristei** (Carlo Marchionni, 1776–84) mit der **Schatzkammer** (Museo Storio Artistico –

San Pietro, Cappella della Pietà: Michelangelo, Pietà-Gruppe, 1498/99

Tesoro di S. Pietro): In neun Sälen ist Kunstgut aus dem Dom zu sehen, darunter antike Sarkophage, Reste päpstlicher Grabdenkmäler, liturgisches Gerät und Bilder. Unter den aufwendig gestalteten **Grabdenkmälern** für 23 Päpste und einige weltliche Herrscher sind zwei weitere Meisterwerke Berninis anzuführen: Das **Grabmal für Urban VIII.** (Papst 1628–44), rechts in der Apsis, zeigt Urban in Herrscherpose auf einem Denkmalsockel, in den der Sarkophag wirkungsvoll integriert ist. Ein Spätwerk, unter Mitarbeit einiger Schüler, ist die **Grab-**

nische für Alexander VII. (Papst 1672–78) gegenüber dem Veronika-Pfeiler; der Papst kniet auf einem hohen Podest, umgeben von den vier Personifikationen der Weisheit, Gerechtigkeit, Caritas und Wahrheit.

Die **Kuppel** ist von hier aus über ein Labyrinth von Treppen zu besteigen (alternativ: Lift außerhalb des Doms). Der Weg führt hinauf auf eine Galerie, von der aus sich ein beeindruckender Blick in die Kirche öffnet, dann zwischen den beiden Schalen der Kuppel hindurch, deren Konstruktion hier gut nachvollziehbar wird, bis zu einem Aussichtspunkt, der einen bezaubernden Blick über Rom ermöglicht.

Im Longinus-Pfeiler führt eine Treppe hinab zu den **Vatikanischen Grotten**. Ihr Zentrum bildet die Ringkrypta, die mit einem dreischiffigen basilikalen Hallenraum verbunden ist. Man erreicht über einen Korridor zunächst die ›neuen‹ Grotten (älter als die ›alten‹ Grotten, aber eben restauriert) – einen ringförmigen Umgang um die **Krypta**, der die vier, unter den Hauptpfeilern des Doms gelegenen Kapellen für Longinus, Veronika, Helena und Andreas und weitere seitliche Kapellen erschließt. Im Zentrum liegt die Petruskapelle, in direkter Verbindung mit dem vermeintlichen Grab des Apostels. Die ›alten‹ Grotten bilden die dreischiffige Halle mit Grabstätten von Päpsten. Über das linke Seitenschiff ist eine Raumflucht mit einigen Grabmälern, Bauresten der konstantinischen Basilika sowie dem Treppenzugang zur darunter gelegenen antiken **Nekropole** erreichbar (zugänglich nur mit besonderer Erlaubnis). Man ist hier mit den Grabungen von 1939–58, die leider nicht umfassend dokumentiert wurden, und den Reliquiengrabungen seit der Zeit um 800 konfrontiert. 18 Mausoleen einer Gräberstraße und zwei offene Gräber sind zu sehen. Die Bestattungen stammen aus dem 2. und 3. Jh.; die Annahme, diejenige Bestattung, über der sich die Ringkrypta und die Confessio erheben, gehöre dem 1. Jh. an und sei mit Petrus zu verbinden, bleibt zweifelhaft, wenn auch evident ist, dass eines dieser Gräber bereits früh durch bauliche Maßnahmen vor Überbauung und Beschädigung geschützt worden ist.

Audienzhalle: Die Aula delle Udienze Pontificie, in der bei widriger Witterung mittwochvormittags die päpstliche Audienz stattfindet (Karten müssen vorbestellt werden), hat gut 6000 Sitz- bzw. 12 000 Stehplätze. Der Bau (Pier Luigi Nervi, 1971) setzt einen bemerkenswert modernen Akzent. Die schwingende, lichterfüllte Deckenkonstruktion aus Betonrippen und Glas erinnert an Nervis Bauten für die Olympiade 1960.

Campo Santo Teutonico: Der kleine Friedhof ist seit 1461 eine deutsche Stiftung (›Erzbruderschaft Unserer Lieben Frau auf dem Campo Santo Teutonico neben St. Peter in Rom‹). Sie geht auf die 799 erstmals erwähnte Schola Francorum zurück. 1876 wurde ein Priesterkolleg gegründet, 1887 der römische Sitz der Görres-Gesellschaft angesiedelt. Beide haben sich dem Studium von Geschichte und Altertumswissenschaften verschrieben; hier wird die *Römische Quartalschrift für Christliche Altertumskunde und Kirchengeschichte* herausgegeben. Auf dem Friedhof finden sich prominente Gräber, u. a. der Maler Joseph Anton Koch (1768–1839) und Friedrich Overbeck (1789–1869), der Königin Charlotte Friederike von Dänemark (1784–1840), des Archäologen Ludwig Curtius (1879–1954) sowie des Schriftstellers Stefan Andres (1906–1970). Die zugehörige Kirche **S. Maria della Pietà** (1475–1501), ein dreischiffiger Bau über einem griechischen Kreuz, wird bis heute von deutscher Seite mit Ausstattung versehen: Bronzetür von Bundespräsident Heuss (Elmar Hillebrand, 1949–59), Fenster von Bundespräsident Heinemann (Georg Meistermann, 1969–74), Generalrestaurierung 1973 aus deutschen Mitteln.

Vatikanische Paläste: Bereits um 500 gab es nahe der großen Kirche päpstliche Wohnräume. Ein erster Ausbau fand unter Papst Innozenz III. um 1200 statt, infolge der Etablierung des Papstes als Petrusnachfolger, welche eine erhebliche Aufwertung der vatikanischen Anlagen mit sich brachte. Nikolaus II. hatte um 1280 einen Umzug in den Vatikan erwogen; nach der Rückkehr der Päpste aus dem Exil (1377) wurde dieser Gedanke angesichts des verfallenen Laterans wieder aktuell. Die heutige Anlage geht auf einen unter Nikolaus V. (Papst 1447–55) geplanten Neubau zurück: Das gesamte Vatikangebiet sollte neu konzipiert werden – im Zentrum standen der Ausbau der Engelsburg und der Bau einer breiten Prachtstraße von dort zum Petersdom. In dieser Zeit entstand das Appartamento Borgia und seit 1450 ein umfangreicher, im Kern zweigeschossiger Palastbau mit angeschlossenen Gartenanlagen im Norden des Petersdoms und anschließend die Villa Belvedere auf dem Monte S. Egidio. Julius II. (Papst 1503–13) beauftragte Bramante, Antonio da Sangallo d. J., Baldassare Peruzzi, Giulio Romano u. a., diese beiden Baukomplexe zu verbinden. So wuchs ein regelrechtes Konglomerat an Räumen um den langgestreckten Cortile del Belvedere, mit Raumtrakten an den kurzen Enden, die durch eine umlaufende Galerie miteinander verbunden waren. Geschickt wurden durch Rampen und Treppen die unterschiedlichen Geländeniveaus von Palast und Belvederevilla in eine bauliche Struktur zusammengefügt. Dieses vielrezipierte Baukonzept bestand nur bis zum Einbau der Bibliothek als Querriegel zwischen den Galerien (ab 1587). Seinen Abschluss erhielt das Ensemble unter Sixtus V. (Papst 1585–90) mit Errichtung der heutigen Privaträume, Empfangssäle und Papstbibliothek. In weiten Teilen der Vatikanischen Paläste sind heute die Vatikanischen Museen untergebracht.

Die **Vatikanischen Museen** sind die größte Kunstsammlung der Welt; auf über 7 km Wegstrecke können ca. 50 000 Exponate unterschiedlichster Art besichtigt werden. Es sind vier Rundgänge ausgeschildert (A–D), die je nach Umfang et-

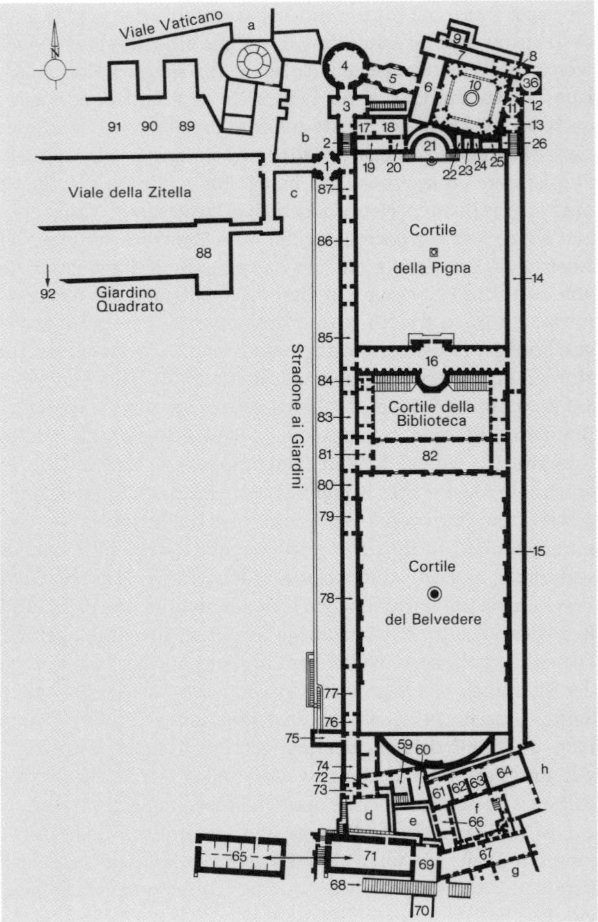

N
Viale Vaticano
a
b
c
d
e
f
g
h
Viale della Zitella
Giardino Quadrato
Stradone ai Giardini
Cortile della Pigna
Cortile della Biblioteca
Cortile del Belvedere
1
2
3
4
5
6
7
8
9
10
11
12
13
14
15
16
17
18
19
20
21
22
23
24
25
26
36
59
60
61
62
63
64
65
66
67
68
69
70
71
72
73
74
75
76
77
78
79
80
81
82
83
84
85
86
87
88
89
90
91
92

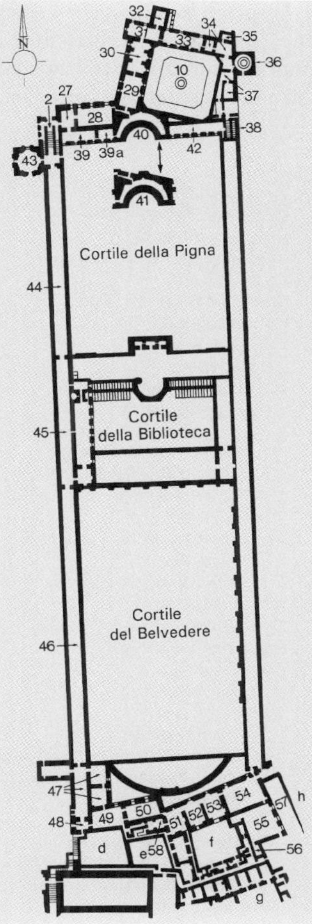

Vatikanischer Palast und Vatikanische Museen, Lagepläne

a Eingang zu den Vatikanischen Museen
b Cortile d. Corazze
c Cortile d. Pinacoteca
d Cortile d. Sentinella
e Cortile Borgia
f Cortile d. Pappagalli
g Cortile d. Maresciallo
h Cortile di S. Damaso
1 Atrio d. Quattro Cancelli
2 Scala Simonetti
3–13 Museo Pio-Clementino
3 Sala a Croce Greca
4 Sala Rotonda
5 Sala d. Muse
6 Sala d. Animali
7 Galleria d. Statue
8 Sala d. Busti
9 Gabinetto d. Maschere
10 Cortile Ottagono
11 Vestibolo Rotondo
12 Gabinetto d. Apoxyomenos
13 Vestibolo Quadrato
14 Museo Chiaramonti
15 Galleria Lapidaria
16 Braccio Nuovo
17–26 Museo Gregoriano Egizio (Sala/Saletta I–X)
27–35, 39–42 Museo Gregoriano Etrusco
27 I. Sala d. Sarcofagi
28 II. Sala d. Tomba Regolini-Galassi
29 III. Sala d. Bronzi
30 IV. Sala d. Urne
31 V. Sala Guglielmi
32 VI. Sala d. Preciosi
33 VII. Sala d. Terrecotte

wa zwei bis sechs Stunden in Anspruch nehmen. Die ersten Objekte erwarb Papst Julius II.: 1503 ließ er den berühmten *Apoll vom Belvedere* im Innenhof des kurz zuvor vollendeten Belvedere-Palazzettos im Norden der Palastanlage aufstellen,

---

34 VIII. Antiquarium Romanum
35 IX. Sala Falcioni
36 Scala Bramante
37 XII. Salette d. Originali Greci
38 XIII. Scala d. Rilievi Assiri
39–42 Antike Vasensammlung
39 XIV. Sala d. Meridiana
39a XV. Sala Astarita
40 XVI. Hemicyclus
41 XVII. Oberer Hemicyclus
42 XVIII. Sala d. Vasi Italioti
43 Sala d. Biga
44 Galleria d. Candelabri
45 Galleria d. Arazzi
46 Galleria d. Carte Geografiche
47 Säle Pius' V.
48 Cappella di Pio V
49 Sala d. Sobieski
50 Sala d. Immacolata
51–54 Stanze di Raffaello
51 Stanza d. Incendio di Borgo
52 Stanza d. Segnatura
53 Stanza d'Eliodoro
54 Sala di Costantino
55 Sala d. Chiaroscuri
56 Cappella di Niccolò V
57 Logge di Raffaello
58 Cappella di Urbano VIII
59–66 Collezione d'Arte Religiosa Moderna
59–64 Appartamento Borgia
59 Sala d. Sibille
60 Sala d. Credo
61 Sala d. Arti Liberali
62 Sala d. Vita d. Santi
63 Sala d. Misteri d. Fede
64 Sala d. Pontefici
65 Collezione d'Arte Religiosa Moderna
66 Salette Borgia
67 Sala Ducale
68 Scala Regia
69 Sala Regia
70 Cappella Paolina
71 Cappella Sistina
72–87 Kunstsammlungen d. Biblioteca Apostolica
72 Sala d. Indirizzi di Pio IX
73 Cappella di Pio V
74 Sala d. Indirizzi
75 Sala d. Nozze Aldobrandine
76 Sala d. Papiri
77 Museo Sacro d. Biblioteca Apostolica
78 Galleria di Urbano VIII
79, 80 Sale Sistine
81 Vestibolo
82 Salone Sistino
83, 84 Sale Paoline
85 Sala Alessandrina
86 Galleria Clementina
87 Museo Profano d. Biblioteca Apostolica
88 Pinacoteca Vaticana
89 Museo Gregoriano Profano
90 Museo Pio Cristiano
91 Museo Missionario-Etnologico
92 Museo Storico Vaticano

1506 kaufte er die *Laokoongruppe* sowie den schon im 15. Jh. bekannten antiken männlichen *Torso vom Belvedere*. In dieser Zeit wohnten im Palazzetto im Vatikan wirkende Künstler – sie hatten die antiken Leitbilder somit vor Augen. Systematisches Sammeln ist erst für die Mitte des 16. Jh.s belegt, als ein Kunstkabinett in die Bibliothek integriert wurde. Ab der Mitte des 17. Jh.s, als man die Antike in Italien auch archäologisch entdeckte, wuchsen die Bestände schlagartig an. Der Vatikan konkurrierte mit den Kunstsammlungen der römischen Aristokraten. Seit 1763 war der deutsche Archäologe Johann Joachim Winckelmann Kommissär der Altertümer des Kirchenstaates; ganze Sammlungen wurden nun angekauft, etwa die der Mattei und der Fusconi. Die weitgehende Umgestaltung des Belvedere-Palazzetto zu einem Museum geht auf Papst Clemens XIV. zurück (1770). Sein Nachfolger Pius VI. (Papst 1775–99) vermehrte die Sammlungsbestände erheblich und gründete weitere Museumstrakte, die sich nun auch in die südlichen Bereiche des Palastes erstreckten. Viele Exponate wurden von Napoleon 1797 nach Paris verschleppt, aber 1816 rücküberführt. Weitere Museumstrakte wurden eingerichtet: das Museo Chiaramonti (1807–10), die Galleria Lapidaria und der 1822 gebaute Braccio Nuovo, sowie ein Museum für etruskische Funde. Thematisch lassen sich vier Komplexe unterscheiden: ägyptische und etruskische Sammlungen, Denkmäler des griechisch-römischen Altertums, kirchlich-vatikanische Abteilungen und Palasträume, die an sich Kunstwerke sind, wie die Stanzen Raffaels und die Sixtinische Kapelle.

Ein vollständiger **Rundgang** beginnt im **Museo Gregoriano Egizio** (Räume **17–26**) mit seinen ägyptischen Funden, darunter: Stelen, Sarkophage, Mumien, Papyri, die in Rom und der näheren Umgebung, hauptsächlich in der Hadriansvilla in Tivoli gefunden wurden. Die Räume wurden unter Papst Gregor XVI. 1839 vom berühmten Ägyptologen L. Ungarelli eingerichtet. Vom letzten Saal aus gibt es zwei Möglichkeiten, den Rundgang fortzusetzen. Es erschließen sich sowohl die Trakte des Belvedere-Palazzetto als auch die östliche lange Galerie.

Den ersten Teil der Galerie (14) nimmt das **Museo Chiaramonti** ein, unter Pius VII. (Papst 1800–23) von Antonio Canova als Museum eingerichtet. Rund 1000 antike Bildwerke, überwiegend Porträts, werden hier präsentiert. Auf halber Länge trennt ein Eisengitter den nördlichen vom südlichen Galerietrakt, der **Galleria Lapidaria** (15) mit Tausenden von Inschriftensteinen (Sondererlaubnis nötig).

Das **Museo Pio-Clementino** (3–13) ist Ergebnis der Umgestaltung des Belvedere-Palazzetto zum Kunstmuseum. Über ein Rundvestibül (11) gelangt man in einen kleinen Raum (12) mit einer römischen Kopie des *Apoxyomenos* (sich säubernder Athlet), ein Meisterwerk des griechischen Bildhauers Lysipp (spätes 4. Jh. v. Chr.). Von hier aus erreicht man den Belvedere-Hof (10) mit berühmten antiken Skulpturen: der *Apoll vom Belvedere* (Pfeil, Bogen und Lorbeerzweig fehlen), eine Marmorstatue (um 130) nach einem in Athen aufgestellten Bronzeoriginal des Bildhauers Leochares (4. Jh. v. Chr.); im Eckraum schräg gegenüber der dem Apoll nachempfundene *Perseus mit dem Haupt der Medusa* (Antonio Canova, 19. Jh.); im nächsten Eckraum erhebt sich die Statuengruppe des Priesters *Laokoon* mit seinen Söhnen, die von Schlangen getötet werden – eine Szene aus dem Trojanischen Krieg; die Gruppe war bereits in der Antike berühmt (Plinius erwähnt sie); sie wurde 1506 in den Ruinen der Domus Aurea gefunden; die Datierung ist ebenso umstritten wie die Frage, ob es sich um ein Original oder eine römische Kopie nach griechischem Vorbild handelt; in der Nische daneben steht ein Gipsabguss, der die frühere Rekonstruktion mit dem erhobenen rechten Arm des Laokoon zeigt; der tatsächlich aber angewinkelte Arm wurde 1905 durch

Zufall gefunden und der Gruppe 1960 angesetzt. Weitere Meisterwerke in der Galleria delle Statue (7) sind: der *Apollon Sauroktonos* (eidechsenfangender Apoll), die römische Kopie eines Werkes des griechischen Bildhauers Praxiteles (Mitte 4. Jh. v. Chr.); daneben steht die Statue einer *Verwundeten Amazone*, nach dem Original des griechischen Bildhauers Polyklet (spätes 5. Jh. v. Chr.; weitere Kopien: Kapitolinische Museen und Thermenmuseum). Das Gabinetto delle Maschere (9), nach dem berühmten Maskenmosaik aus der Villa Hadriana, zeigt eine Kopie der sich zum Bade entkleidenden *Aphrodite von Knidos*, ein Meisterwerk des Praxiteles (Original des 4. Jh.s v. Chr.). Daneben befinden sich die *Drei Grazien* (2. Jh.), Kopie einer hochhellenistischen Genregruppe (um 100 v. Chr.), die sich in der römischen Kaiserzeit größter Beliebtheit erfreute. In der Sala delle Muse (5) beherrscht der seit der Renaissance vielbewunderte *Torso vom Belvedere* den Raum: eine auf einem Felsbrocken hingestreckte Männerfigur, wegen des beigegebenen Löwenfells vermutlich der sich ausruhende Herkules; trotz Signatur (Apollonios, ein nicht bekannter athenischer Bildhauer) sind Datierung und Deutung nicht abschließend geklärt. Die Sala a Croce Greca (3) zeigt zwei monumentale Porphyrsarkophage: links aus dem Mausoleum der Helena, rechts aus dem Mausoleum S. Costanza.

Über die prachtvolle Scala Simonetti (2) erreicht man das Obergeschoss mit dem unter Papst Gregor XVI. 1837 eröffneten **Museo Gregoriano Etrusco** (27–35, 39–42). Überwiegend entstammen die Fundstücke den Nekropolen südetruskischer Städte (bis 1870 dem Kirchenstaat zugehörig); erweitert durch den Ankauf der Sammlung Falcioni (1900) und Schenkungen (Sammlung Guglielmi, 1935; Sammlung Astarita, 1967). Herausragend sind die Beigaben aus der Tomba Regolini-Galassi (28) – dieses Grab (benannt nach den Ausgräbern; 1836 geborgen) wurde Mitte des 7. Jh.s v. Chr. in der Nekropole von Cerveteri angelegt: Es handelt sich um einen der umfassendsten Fundkomplexe der ›orientalisierenden‹ Phase etruskischer Kunst mit granuliertem Goldschmuck, Halsketten, Armbändern, Geschirr und zwei Prunkwagen (Letztere als Rekonstruktionen). Bedeutend ist der *Mars von Todi* im Durchgang von der Sala dei Bronzi (**29**) zur Sala delle Urne (**30**): die Bronzestatue eines Kriegers mit Lanze und Omphalosschale in den Händen, aus mehreren Teilen zusammengesetzt und mit eingesetzten Augen (um 400 v. Chr.). Die zum Cortile della Pigna weisende Raumflucht (**39–42**) birgt eine chronologisch geordnete Sammlung zumeist attischer Vasen aus etruskischen Gräbern; hochberühmt ist die attisch-schwarzfigurige *Exekias-Amphora* (**40**), auf der die Trojakämpfer Achill und Aiax beim Würfelspiel zu sehen sind; der Athener Exekias war gemäß Signaturen sowohl der Töpfer als auch der Maler. In die Etruskerräume eingegliedert sind zwei themenfremde Ausstellungen: die Salette degli Originali Greci (**37**) mit original griechischer Plastik (darunter Fragmente vom Bauschmuck des Parthenon auf der Athener Akropolis, 447–432 v. Chr.) und die Scala dei Rilievi Assiri (**38**) mit assyrischen und sumerischen Reliefs.

Der Rundgang führt zurück zur Scala Simonetti (**2**). Von hier aus gelangt man zur kuppelüberwölbten Sala della Biga (**43**). Der hier gezeigte antike Wagen (*biga* – »Zweispänner«) wurde 1788 nicht sehr authentisch restauriert. Daneben findet sich eine Kopie des *Diskuswerfers*, nach einem Original des Athener Bildhauers Myron (um 460 v. Chr.; aus der Hadriansvilla bei Tivoli). Der Weg führt über die Galerie in den südlichen Teil des Palastes. Man durchquert die **Galleria dei Candelabri** (**44**) mit antiken Kandelabern und knapp 500 weniger bedeutsamen Skulpturen, dann die **Galleria degli Arazzi** (**45**) mit wertvollen Gobelins, die **Galleria delle Carte Geografiche** (**46**) mit Veduten, Stadtansichten und Landkarten (nach Entwürfen Ignazio Dantis, 1580–83).

Vatikan, Raffael-Stanzen: Raffael, *Schule von Athen*, Wandfresko, 1509–11

Die **Stanzen Raffaels** (**51–53**) bilden eine Folge aus drei Räumen im Obergeschoss, die unter Julius II. (Papst 1503–13) auf das Appartamento Borgia von Nikolaus V. (Papst 1447–55) aufgesetzt wurden. Sie wurden ab 1508 von Raffael ausgemalt und gelten als Höhepunkt der Renaissancemalerei schlechthin. In Plastizität und Perspektive unerreicht, ist in der mittleren Stanza della Segnatura (**52**) die *Schule von Athen* (1509–11) an der dem Eingang gegenüberliegenden Wand zu sehen. Sie zeigt auf einer Breite von fast 8 m antike Philosophen und Wissenschaftler: im Zentrum der Weisheit die Philosophen Platon und Aristoteles mit ihrem Schülergefolge, im Vordergrund die exakten Wissenschaften – links Pythagoras, rechts Euklid; die Architekturdarstellung geht auf Entwürfe Bramantes zurück, der sich an altrömischen Thermenbauten sowie der Maxentius-Basilika auf dem Forum Romanum orientiert hat.

Über die **Raffael-Loggien** (57), deren von Raffael-Schülern ausgeführte Fresken als eine Art ›Bilderbibel‹ zu verstehen sind, gelangt man in die **Kapelle von Nikolaus V.** (56). Die Fresken von Fra Angelico da Fiesole (1. Hälfte 15. Jh.) zeigen Episoden aus dem Leben des hl. Laurentius. Wichtig für das Verständnis der Kapelle sind die beiden nebeneinandergestellten Papstporträts vom Stifter Nikolaus V. (Papst 1447–55) und von Sixtus II. (Papst 257–258): Wie einst Sixtus, so tritt auch Nikolaus als Einiger der Kirche nach Spaltung und Schisma auf.

Der Weg führt zurück und über eine Treppe hinunter in die sechs Räume des **Appartamento Borgia** (59–64), mit Fresken (1492–95) von Pinturicchio. Hier wird die 1973 von Papst Paul VI. eröffnete **Collezione d'Arte Religiosa Moderna** mit religiöser Kunst des 20. Jh.s in allen Facetten in wechselnden Ausstellungen präsentiert, u. a. Werke von Barlach, Chagall, Feininger, Kandinsky, Kirchner, Klee, Matisse, Modersohn-Becker, Moore und Rodin.

Die **Sixtinische Kapelle** (71) wurde als festungsartiger Annex des Palastes unter Papst Sixtus IV. erbaut (1473–84) und ist heute noch als Ort des Konklaves und für feierliche innervatikanische Gottesdienste in Funktion (daher nicht immer zugänglich). Das Innere der Kapelle ist überreich mit Fresken geschmückt. An den Längsseiten stehen sich Bilder aus dem Leben Moses (links) und Christi (rechts) gegenüber; zahlreiche Künstler waren beteiligt, u. a. Perugino, Pinturicchio und Botticelli. Die berühmten Deckenfresken Michelangelos (1508–10) thematisieren die Erschaffung der Welt. Die 1989 vollendete Restaurierung hat den Fresken ihre originale, brillante Farbigkeit zurückgegeben. 20 Jahre nach der Deckenmalerei schuf Michelangelo die Fresken der Altarwand mit dem *Jüngsten Gericht* (Restaurierung bis 1994).

Unter dem Fresko der Schlüsselübergabe führt ein Gang weiter in die langgestreckte, zurück nach Norden führende

Galerie der **Kunstsammlungen der Vatikanischen Bibliothek** (72–87) mit Stoffen, liturgischem Gerät, Reliquien, Gläsern sowie Elfenbein- und Metallkunst (72–74). Bedeutendstes Exponat ist (75) die *Aldobrandinische Hochzeit* (so genannt nach dem ersten Besitzer Kardinal Aldobrandini), ein Fresko aus augusteischer Zeit, 1605 auf dem Esquilin gefunden und 1838 hierher verbracht; das dargestellte Hochzeitszeremoniell war einst Teil eines größeren Bilderzyklus'. Der Raum beherbergt die Kupferstichsammlung, der nächstfolgende Saal Papyri. Das **Museo Sacro della Biblioteca Apostolica** (77) zeigt frühchristliche Kleinkunst, 1756 hier eingerichtet. Über zwei weitere Säle erreicht man, nach rechts abbiegend, die **Biblioteca Apostolica Vaticana** (82), die 1587 von Domenico Fontana als Querriegel zwischen den Galerien erbaut wurde: eine der bedeutendsten Bibliotheken der Welt, nicht nur wegen ihrer homogen wirkenden manieristischen Ausschmückung; die schlichte zweischiffige Halle mit sechs Mittelpfeilern ist oberhalb der Bücherschränke mit Fresken versehen, die in zwei Bildzyklen die Geschichte der Konzilien schildern und an die großen Bibliotheken der Welt erinnern; in den Lünetten und Gewölben finden sich Veduten Roms, die den Papst als Erneuerer der Stadt feiern.

Über zwei weitere Säle der Langgalerie betritt man den **Braccio Nuovo** (16). In der korridorartigen, antikisierenden Hallenarchitektur (Raffaele Stern, 1805–22) findet sich antike Plastik: Bedeutend sind eine römische Kopie des *Doryphoros* (Speerträger), nach einem Bronzeoriginal des Bildhauers Polyklet aus Argos (um 430 v. Chr.) und der sog. *Augustus von Primaporta*, eine fast vollständig erhaltene Porträtstatue des Augustus im Feldherrenpanzer, auf dem die Rückgabe der von den Parthern erbeuteten römischen Feldzeichen im Relief zu sehen ist – ein Ereignis des Jahres 20 v. Chr., das in der kaiserlichen Propaganda breiten Raum einnahm; ebenfalls beachtenswert ist die kolossale gelagerte Statue des personifizierten Flussgottes Nil. Die beiden letzten Räume der Langgalerie bergen die **Galleria Clementina (86)** mit antiken Reliefs und das **Museo Profano della Biblioteca Apostolica (87)** mit römischen und etruskischen Antiken.

Von hier aus ist der Anbau (Luca Beltrami, 1932) mit der **Pinacoteca Vaticana (88)** zu erreichen: gut 450 Tafelbilder in chronologischer Ordnung in 15 Sälen. Herausragend, nicht nur der Bilder wegen, ist der Raffaelsaal (8), in dem die nach Vorlagen Raffaels in der Brüsseler Werkstatt des Pieter van Aelst gefertigten Gobelins (1516–17) mit Szenen der Apostelgeschichte gezeigt werden, die einst bei besonderen Anlässen die untere Wandzone der Sixtinischen Kapelle schmückten.

Gegenüber liegt ein Anbau (1971), in dem die drei ehemaligen Lateransammlungen ausgestellt sind: Das **Museo Gregoriano Profano (89)**, von Gregor XVI. (Papst 1831–46) gegründet, enthält prominente antike Kunstwerke, wie die römische Marmorkopie der *Athena-Marsyas-Gruppe* nach einem Bronzeoriginal (450 v. Chr.) des Athener Bildhauers Myron: Athena verwehrt dem Silen Marsyas das Aufnehmen der Doppelauloi – sie hatte das Instrument erfunden, aber wegen Untauglichkeit weggeworfen; sehenswert sind die Porträtstatue des Sophokles, 1839 in Terracina gefunden, und die beiden *Cancelleriareliefs* aus der Zeit der Flavier, gefunden beim Bau des Palazzo della Cancelleria Apostolico; das eine zeigt die Ankunft des Kaisers Vespasian in Rom, das andere den Auszug des Kaisers Domitian in die Schlacht; das Domitianporträt ist nach dessen Verdammung in ein Porträt seines Nachfolgers Nerva umgearbeitet worden, eine damals übliche Folge der *damnatio memoriae*. Das **Museo Pio Cristiano (90)** wurde von Pius IX. (1846–78) gegründet und beherbergt frühchristliche Funde aus römischen Katakomben: Inschriften, Sarkophage (Obergeschoss), Plastiken und Fresken. Das **Museo Missionario-Et-**

nologico (91) ging aus einer Ausstellung von 1925 über Völkerkunde und Mission hervor. Es zeigt Objekte aus fernöstlichen Kulturkreisen, Persien, den vorchristlichen Kulturen Amerikas, aber auch Formen der Christianisierung in Afrika und Amerika. In der chinesischen Abteilung führt eine Treppe hinab in das **Museo Storico Vaticano** (92), in dem päpstliche Fahrzeuge und Rüstungen päpstlicher Truppen präsentiert werden.

Castel S. Angelo und Befestigungen (Lungotevere Castello 50): Auch wenn die ›Engelsburg‹ heute nicht mehr dem Vatikan zugehörig ist, so war sie doch über Jahrhunderte hinweg dessen Wahrzeichen. Der Bau war ursprünglich ein **Mausoleum**, das Kaiser Hadrian um 130 erbauen ließ und das 139 unter dessen Nachfolger, Antoninus Pius, vollendet wurde; alle Nachfolger Hadrians bis einschließlich Septimius Severus (gest. 211) wurden hier bestattet. Nach Augustusmausoleum und Trajanssäule war dies die dritte offizielle kaiserliche Grabstätte in Rom. Sie war nach dem Vorbild des kleineren Augustusmausoleums gestaltet und bestand im Kern aus einem quadratischen Podium von knapp 90 m Kantenlänge und etwa 15 m Höhe; darüber erhob sich ein gut 20 m hoher Rundbau, den eine Säulengalerie mit Statuen umfasste. Über der Attikazone des Podiums erhob sich der aufgeschüttete, mit Zypressen bewachsene Erdtumulus. Ein Vierergespann des Gottes Helios auf quadratischem Sockel bekrönte die Anlage. In der Antike lag der Zugang etwa 3 m tiefer als heute; über einer prachtvollen Tür war eine Inschrift aus der Zeit des Antoninus Pius angebracht, die den Bau dem verstorbenen Hadrian widmet. Man erreichte über einen Vorraum ein Vestibül, von dem aus ein spiralförmig verlaufender Gang das Innere erschloss; nach einem vollen Kreis erreichte er die zentrale, etwa 8 × 8 m messende, tonnenüberwölbte Grabkammer. Eine Zugangsstraße und eine neu erbaute Brücke (Pons Aelius, heute Ponte

S. Angelo) verbanden das Mausoleum mit dem Marsfeld. Zur Zeit der Errichtung der Aurelianischen Stadtmauer um 271 kam dem Mausoleumsbau die Funktion einer Bastion auf dem anderen Tiberufer zu. Gänzlich in die Stadtmauer integriert wurde der Bau bei der Mauererweiterung unter Kaiser Honorius (Anfang 5. Jh.); die fortifikatorische Tauglichkeit erwies sich 537 bei der Gotenbelagerung unter Witigis. Zur ›Engelsburg‹ wurde der Bau 590, als Papst Gregor I. während einer Pestepidemie hier der Erzengel Michael erschienen und das Pestende verkündet haben soll (tatsächlich war die Pest bald besiegt). 1277 ließ Papst Nikolaus III. die Engelsburg zur Fluchtresidenz ausbauen und von den Vatikanischen Palästen aus einen zinnenbewehrten, gedeckten Fluchtgang (**Passetto**) anlegen. Verschiedene Umbauten folgten, darunter: Alexander VI. (Papst 1492–1503) ließ vier kreisrunde Bastionen (den vier Evangelisten geweiht) anbauen und Depots und luxuriöse Wohngemächer einrichten; zuletzt wurde unter Sixtus V. (Papst 1585–90) eine Schatzkammer eingefügt und ein Teil des Vatikanischen Geheimarchivs hierher verbracht. Die Engelsburg diente bis in Napoleonische Zeit auch als Kaserne und Kerker (Benvenuto Cellini, Kardinäle Carafa, u. a.), woran in Puccinis Oper *Tosca* erinnert wird. Seit 1934 fungierte sie als öffentliches Museum. Der **äußere Eindruck** entspricht nur im Kern dem antiken Zustand; der ummantelnde Erdtumulus fehlt, der Bau hat sich mit den vier Bastionen zu einer gänzlich steinernen Architektur gewandelt; über die Krone des Rundbaus erheben sich die mehrgeschossigen päpstlichen Gemächer – in ihrer leicht unregelmäßigen Struktur brechen sie die harte Symmetrie der aus Quader und Tambour bestehenden Anlage auf; an der Spitze des Komplexes erhebt sich die kolossale Bronzestatue des Erzengels Michael (P. A. Verschaffelt, 1752). Im **Inneren** liegt ein hofartiger Umgang auf dem Podium des antiken Grabmals. Von hier aus erreicht man die Rundrampe, die auf 125 m Länge

12 m Höhe überwindet. Die antike Grabstätte wurde um 1500 von Antonio da Sangallo d. Ä. zu einer Galerie umgebaut. Weiter gelangt man auf die Plattform des antiken Baus (mit einer zinnenbekrönten Kurtine versehen). Auf dieser Plattform erheben sich die päpstlichen Gebäude, die in unregelmäßigem Grundriss zwei Innenhöfe formen. Die Rampe führt direkt in den Cortile dell'Angelo, den ein Marmorengel (um 1570) ziert (er hatte vor der Bronzefigur die Engelsburg gekrönt). Die an der Kurtine gelegenen Räume beherbergen die **Waffensammlung**. Den mittleren Gebäudetrakt bilden die **Papstgemächer**, heute ein **Museum**. Zentraler Raum ist der Apollosaal mit seinen Fresken (1547/48): Götter des römischen Olymps sind mit Grotesken zu einem effektvollen Raumschmuck kombiniert. Über weitere Treppen erreicht man die Loggia von Paul III. (Papst 1534–49; Sangallo d. J.) und hoch über der Engelsbrücke die **Mittelloggia**, erbaut für Julius II. (Papst 1503–13). Hier erstreckt sich eine repräsentative Raumflucht, von der besonders die **Sala Paolina** (Architekturillusionen), das Perseuszimmer (Darstellung des Perseusmythos) und der reich ausgestattete Bibliothekssaal (Fresken und Stuck) von Bedeutung sind. Über den zweiten Innenhof, den **Cortile del Teatro** (wird bis heute für Theateraufführungen genutzt), sind die Gefängniszellen zu besichtigen. Weitere Treppen führen auf die Plattform des mittleren Turmes, von wo aus man eine beeindruckende Aussicht über die Umgebung hat.

Tiberinsel (I A/B7): Die etwa 270 × 70 m messende, schiffsförmig gefasste Insel war bereits in der Antike bedeutend, aufgrund eines Asklepiosheiligtums in der Inselmitte (Tempel von 289 v. Chr., nicht erhalten). Hier erhebt sich heute die Klosterkirche **S. Bartolomeo all'Isola** (I B7). Sie entstand um 1000 unter Kaiser Otto III., der den Komplex zunächst dem hl. Bischof Adalberg von Prag widmete. Das Patronat änderte sich, als Otto III. – angeblich eigenhändig – die Reliquien des hl.

Bartholomäus aus Benevent hierher überführte, in einer Bronzeschüssel (heute im rechten Querhaus). Ein verzierter Marmorbrunnen aus ottonischer Zeit, das wichtigste Ausstattungsstück der Kirche, zeigt diesen Wechsel: Der Erlöser, der hl. Adalbert, der hl. Bartholomäus und Otto III. sind in friedlicher Eintracht dargestellt. Unter den folgenden Baumaßnahmen ist die Errichtung des Campanile im frühen 12. Jh. bedeutsam. Das Tiberhochwasser 1557 zerstörte den Bau. Bald darauf wurde die heutige dreischiffige Basilika erbaut; Ergänzungen im 17., 18. und 19. Jh. Die Vorstellung von der Insel als Ort wundertätiger Heilung, der Patientenpflege und der Isolierung von Kranken lebt in Gestalt des **Hospitals S. Giovanni di Dio** (Via di Ponte Quattro capi 39) bis heute fort. Zugehörig ist die Kirche **S. Giovanni Calibita** (I B7): Der dem Johannes Kalybita, einem heiliggesprochenen Einsiedler geweihte Bau stammt aus frühchristlicher Zeit. In der Antike stand hier ein Heiligtum für Iuppiter Iurarius. Der heutige Bau geht auf eine Renovierung des 18. Jh.s zurück.

Die Tiberinsel eignete sich ideal für eine Überbrückung des Flusses, und so entstanden hier die ersten Brücken: in den Jahrhunderten vor Christus gleich drei. Die Brückenbogenruine an der Südspitze der Tiberinsel – »kaputte Brücke«, **Ponte Rotto** (I B7), genannt – ist das Überbleibsel der ältesten römischen Steinbrücke; man sieht sie gut vom modernen Ponte Palatino aus, der etwas weiter südlich den Tiber quert. Der Bau wurde 179–142 v. Chr. unter den Zensoren Marcus Fulvius Nobilior und Marcus Aemilius Lepidus errichtet. Ihm war, wie zahlreichen anderen Infrastrukturbauten der Römer, ein langes Leben beschieden. Bis das Tiberhochwasser 1598 die östliche Hälfte zum Einsturz brachte, hielt man die Brücke in Funktion; der Rest wurde 1885 abgerissen. Die in der Mitte der Insel heute noch bestehende Brückenverbindung ist ebenfalls antiken Ursprungs. Von der östlichen Stadtseite aus führt der

Pons Fabricius (I B7) auf die Insel, 62 v. Chr. unter dem Straßenbaubeamten Lucius Fabricius erbaut. Die Brücke wurde in der Renaissance ›Ponte dei Quattro Capi‹ genannt, nach den vier Hermen, die das antike bronzene Geländer stützen; das Geländer wurde 1679 demontiert und durch eine Steinbrüstung ersetzt. Ebenfalls antiken Ursprungs ist der gegenüber nach Trastevere führende **Ponte Cestio** (I B7). Der Vorgängerbau entstand um 50 v. Chr. und wurde im Jahr 370 auf Geheiß des Kaisers Gratian umfassend restauriert (seitdem auch ›Pons Gratiani‹ genannt); im Zuge der Erweiterung des rechten Tiberarms 1889–92 wurde er ersetzt – nur der Mittelbogen wurde aus antikem Baumaterial wiederhergestellt.

Trastevere (I A/B7–9) bezeichnet im Grundsatz alle jenseits des Flusses (lat. *trans Tiberim*) gelegenen Stadtgebiete, traditionell ist aber nur das Areal gegenüber der Tiberinsel gemeint, das vom Ponte Sublicio im Süden und vom Ponte Garibaldi im Norden erschlossen wird. Das enge Gassengewirr ist ›Szeneviertel‹ Roms, mit vielen Bars, Restaurants und kleinen Geschäften. Die Gegend war bereits in der Antike besiedelt, profitierte von der Nähe zum Tiberhafen, war jedoch nicht in den Mauerring einbezogen. Noch heute bezeichnen sich die Bewohner als die ›anderen‹ Römer und bringen damit ihre Eigenständigkeit zum Ausdruck.

S. Cecilia in Trastevere (Piazza di Santa Cecilia 22, I B8): Um das Leben und das Grab der hl. Caecilia, die im 2. Jh. unter Kaiser Marc Aurel zusammen mit ihrem Mann Valerianus wegen ihres Glaubens den Märtyrertod starb, rankten sich bald zahllose Legenden; so meint man, an der Stelle der heutigen Kirche habe ihr Haus gestanden oder ihr Martyrium stattgefunden. Bereits im 5. Jh. wurde ihr hier, tatsächlich über antiken Hausruinen, eine Kirche erbaut. Im frühen 9. Jh. wurden Caecilias Gebeine in der Calixtus-Katakombe gefunden und hierher überführt, und Papst Paschalis I. ließ einen repräsentativen Neubau errichten: Eine dreischiffige Basilika mit Glockenturm, Atrium, Vorhalle, ungewöhnlich breitem Mittelschiff mit Chor und eingezogener Apsis, aber ohne Querhaus bildete mit angeschlossenem Kloster ein an frühchristlichen Basiliken orientiertes Architekturkonglomerat. Die antiken Reste der Hausarchitektur sind über die Krypta zugänglich; hier lässt sich das Übereinander von drei Bauphasen (Antike, erste Kirche, karolingische Kirche) plastisch erfahren. Aus dem 9. Jh. sind Teile des Mosaiks von Apsis und Apsisbogen erhalten, die in Stil und Bildauffassung beinahe byzantinisch wirken. Von Bedeutung sind das Altarziborium im Chor (ausweislich der Inschrift von Arnolfo di Cambio, 1293), ein zeitgleiches Freskenfragment des *Jüngsten Gerichts* von Pietro Cavallini im Nonnenchor (nicht immer zugänglich) und, in der Confessio, das 1600 von Stefano Maderno gefertigte Marmorbildnis, das die hl. Caecilia so darstellt, wie bei der Öffnung des Sarges 1599 ihr Leichnam vorgefunden worden sein soll. Zahlreiche spätere Um- und Anbauten – hervorzuheben ist das barocke Portal von Ferdinando Fuga (1741) – haben den Charakter des Paschalis-Baus insgesamt stark verändert.

S. Francesco a Ripa (Piazza S. Francesco d'Assisi 88, I A8) erhebt sich am Ort der Kapelle des Hospizes S. Biagio, wo sich der hl. Franziskus um 1210 aufgehalten haben soll. 1229, kurz nach seiner Heiligsprechung, entstand hier ein Franziskanerkloster, zu dem eine 1231 neu erbaute dreischiffige Basilika gehörte. Diese Kirche wurde 1682 durch den heutigen Neubau ersetzt. Die dreischiffige Pfeilerbasilika ohne Querschiff ist in franziskanischer Art schlicht gehalten; Opulenz begegnet hingegen in den Seitenkapellen. In der **Cappella di S. Anna** (letzte links) steht auf dem Altar eine Skulptur der sterbenden sel. Ludovica Albertoni, ein bedeutendes Spätwerk Berninis (Mitte 17. Jh.) mit bestechender Modellierung des Gewandes und geschickter Verwendung verschiedenfarbigen Marmors.

Manifattura dei Tabacchi (Piazza Mastai, I A8): Der unter Pius IX. errichtete, klassizistische Industriebau für Tabakverarbeitung (Antonio Sarti, 1859–62) ist baulich der Mittelpunkt des Viertels.

S. Crisogono in Trastevere (Piazza Sidney Sonnino 44, I A7) erhebt sich über antiken Hausruinen und geht auf einen Bau des späten 5. Jh.s zurück (nicht erhalten). Im 8. Jh. entstand eine neue Kirche, von der die Ringkrypta und einige Freskenreste im Hauptschiff und im linken Seitenschiff der **Unterkirche** erhalten sind. Sie ist über das linke Seitenschiff der **Oberkirche** zugänglich, die 1129 als Ziegelbau, aber unter umfangreicher Verwendung antiker Spolien erbaut wurde. 22 antike Granitsäulen mit Architraven trennen im Innern die Schiffe; ebenfalls Spolien sind die beiden riesigen Porphyrsäulen, die den Triumphbogen rahmen. Die Apsis ziert ein Mosaik mit der thronenden Madonna zwischen Jakobus und Chrysogonus.

S. Maria in Trastevere (Piazza di Santa Maria in Trastevere): Eine erste, wohl dreischiffige Basilika entstand hier unter Papst Julius I. im mittleren 4. Jh. (möglicherweise gab es einen noch älteren Vorgängerbau). Wir haben hier somit die älteste Marienkirche Roms. Der heutige Bau wurde unter Papst Innozenz II., der aus Trastevere stammte und dessen Papsttum lange strittig war, um 1140 begonnen und 1215 geweiht. 22 antike ionische Säulen mit Architraven darüber trennen die drei Schiffe; jenseits des Querschiffes endet das Mittelschiff in einer großen Apsis. Der Fußboden besteht aus weitgehend authentisch erhaltener Cosmatenarbeit, die Decke ist Resultat eines Einbaus des frühen 17. Jh.s. Die Kirche ist insgesamt ein gutes Beispiel für die intensiven Rückgriffe auf frühchristliche Bau- und Ausstattungsformen, mit denen die Päpste im 12. Jh. die Wirren ihrer Herrschaft überdecken und die Gläubigen auf altbewährte frühchristlich-byzantinische Traditionen hinweisen wollten, wie im Grundriss und dem berühmten Mosaik der Apsiskuppel (um 1150) ersichtlich: Hier thront Christus mit Maria und weiteren Heiligen, links daneben Papst Innozenz II. mit dem Modell der Kirche. Ein Lämmerfries trennt das Kuppelmosaik von weiteren Mosaiken, die um 1290 hinzugefügt wurden: u. a. sechs Szenen aus dem Marienleben, die in Stil und Bildauffassung stark mit dem älteren Kuppelmosaik kontrastieren. Sehenswert sind zwei Kapellen: Die **Cappella Altemps** (links der Apsis) ließ Kardinal Mark Sittich von Hohenems (Altemps) 1584–89 erbauen; Architekt war Martino Longhi, die Ausmalung stammte von Pasquale Cati; der im Kern schlichte, quadratische Bau birgt eine komplizierte manieristische Dekoration, mit Szenen aus dem Marienleben. Die **Cappella Avila** (5. Joch linkes Seitenschiff) ist ein manieristisches Gesamtkunstwerk aus Architektur, Stuckatur und Malerei, geschaffen von dem für seine phantastischen Raumschöpfungen bekannten Architekten und Maler Antonio Gherardi (um 1680).

S. Pietro in Montorio (Piazza di S. Pietro in Montorio 2): Der Legende nach starb Petrus hier den Märtyrertod. Seit dem 9. Jh. erhob sich über der Stelle eine Kapelle. 1472 wurde sie in das neugegründete Franziskanerkloster integriert, um 1500 allerdings neu gebaut, als reich ausgestattete Saalkirche mit beidseitigen Konchen. Kirche und Kloster sind nach der charakteristischen goldbraunen Erde dieser Gegend benannt (Monte d'Oro). In der **Cappella Borgherini** (erste rechts) ist das Wandgemälde *Geißelung Christi* (Sebastiano del Piombo, 1516–21) von großer Bedeutung; es ist das früheste gelungene Beispiel für eine Wanddekoration in Öltechnik und wurde von Zeitgenossen wie auch von späteren Künstlern sehr bewundert. Die **Cappella Raymondi** (zweite links) wurde 1638–48 von Bernini-Schülern nach opulenten Entwürfen des Meisters ausgestaltet. Bedeutendstes Ausstattungsstück ist, am Ort des legendären Petrus-Martyriums (Klosterhof), der **Tempietto**

von Bramante: ein kleiner, zweistöckiger, überkuppelter Rundbau; 16 dorische Säulen mit Metopen-Triglyphen-Fries und einer abschließenden Attika darüber umgeben den Baukern, der im zweiten Geschoss durch alternierend rechteckige Fenster und Rundnischen gegliedert ist. Der Tempietto gilt als ein Musterbeispiel der Architektur der Hochrenaissance. Bramantes Entwurf für die Hofanlage blieb unrealisiert.

Die **Villa Doria Pamphili** (Via S. Pancrazio 13) ist mit ihrem gut 9 km² großen Areal die größte der römischen Villen. Sie wurde von Camillo Pamphili Mitte des 17. Jh.s angelegt. Mehrere Seen, verschiedene Brunnen und künstliche Grotten liegen inmitten eines naturnah gestalteten Parks (im 18. Jh. nach französischen und englischen Vorbildern umgestaltet). An der Stelle des Triumphbogens an der Eingangsstraße (1859/60) erhob sich das Casino dei Quattro Venti (1849 während der Garibaldi-Verteidigung Roms zerstört). Der Palast stammt aus der ersten Bauphase und ist über eine große Freitreppe erschlossen. Die Architektur, außen mit antiken Reliefs und Bildwerken überzogen, ist von Palladio beeinflusst. Die Villa barg einst die Kunstsammlung der Pamphili. Heute ist sie im Besitz der Stadt Rom, der Park ist öffentlich, die Gebäude sind jedoch nicht zugänglich.

Der Süden

Dieser Stadtbereich ist geprägt von antiken Gräberstraßen sowie der Architektur der italienischen Moderne. Große Katakomben, frühe Kirchenbauten mit Grabstätten und vielgestaltige Grabdenkmäler der Honoratioren, Handwerker, Freigelassenen und ärmeren Schichten: Da es das Zwölftafelgesetz verbot, Tote in der Stadt zu bestatten, waren in der Antike alle von Rom abgehenden Straßen mit Grabbauten gesäumt. Ein Nebeneffekt:

So wurden Ankommende bereits vor den Toren mit den sozialen und wirtschaftlichen Verhältnissen in Rom bekannt gemacht. Der Begriff Katakombe bezeichnet, im Gegensatz zu kleineren, privaten Hypogäen, größere Gemeinschafts-Grabanlagen, die oft über Bestattungsvereine finanziert wurden. *Fossores* gruben planvoll von oben nach unten durch den weichen Tuffstein und legten Gräber an – deren jüngste sind somit unten. Es gab Arkosolgräber für Körperbestattungen, Nischen für Urnen (im Boden oder in der Wand: Loculusgräber; viele durch Kleinschmuck oder Bemalung markiert). Zunächst gab es in den Katakomben christliche *und* heidnische Bestattungen, erst mit Abgrenzung des Christentums im frühen 3. Jh. entstanden Familiengrüfte. Für das ausgehende 3. Jh. sind in Rom elf der über 70 Katakomben bezeugt. Im 5./6. Jh. waren sie dann aufgrund der Märtyrergräber Keimzellen christlicher Kultausübung, wurden aber schon damals beraubt. Im 8. Jh. verkaufte v. a. der Langobardenkönig Aistulf in großem Stil Märtyrergebeine, so dass unter Paul I. (Papst 757–767) zahlreiche Gebeine in römische Kirchen überführt wurden. Danach gerieten die Katakomben in Vergessenheit. Erst im 15. Jh. wurden sie nach und nach wiederentdeckt, mit Aufkommen der Christlichen Archäologie im 19. Jh. dann auch gezielt erforscht.

Die **Via Appia** (s. Übersichtskarte) war eine der wichtigsten und ältesten Fernstraßen Italiens. Sie wurde bei der Expansion Roms nach Süditalien 312 v. Chr. zum schnellen Verlegen von Truppen angelegt und führte bis Brindisi. Um 1770 wurde sie unter Papst Pius VI. freigelegt, umfassende Ausgrabungen fanden in den 1920er Jahren statt. Heute sind von Rom aus gut 7 km der von Gräbern und Profanbauten gesäumten Straße erschlossen. Prominent liegt etwa das **Scipionengrab** (Via di Porta San Sebastiano 9), ein dreistöckiger Bau aus dem 3. Jh., mit Kolumbarium für knapp 500 Bestattungen über der Grabstätte, die Sarkophage dieser berühmten Familie des 3. und

2. Jh.s v. Chr. birgt. Die **Porta Appia** (Via di Porta San Sebastiano 18) gilt als das schönste und besterhaltene Tor der Aurelianischen Mauer: Der heutige Bau ist das Ergebnis aus fünf Bauphasen; die charakteristische Größe und die beiden Vierkanttürme entstanden unter Kaiser Honorius (frühes 5. Jh.); das im Westturm eingerichtete **Museo delle Mura di Roma** vermittelt einen guten Überblick über die Baugeschichte des Tores und der Stadtmauern insgesamt. Östlich davon repräsentiert die **Porta Latina** (Via di Porta Latina) mit ihren zwei Durchgängen und den flankierenden Halbrundtürmen den authentischen Bauzustand eines Tores des 3. Jh.s; weil die nahe Porta Appia allerdings wichtiger war, wurde dieses Tor zugemauert; erst 1911 wurde es wieder geöffnet und restauriert. Der **Deus Rediculus** (Km 1,3) ist ein gut erhaltener, geziegelter Grabtempel des 2. Jh.s (für Ania Regilla). Ebenfalls etwas abseits der Straße schließen die **Kolumbarien** der Freigelassenen des Augustus und der Livia daran an: Sie zeugen von der sozialen Vorsorge der Patrone für ihre ehemaligen Sklaven – man ließ für sie standesgemäße Grabstätten bauen.

In der **Calixtus-Katakombe** (Via Appia Antica 110), gegründet oder erweitert durch Calixtus I. (Papst 217–222), sind die Grablegen der Päpste des 3. Jh.s seit Sixtus II. (Papst 257–258) in einer zentralen Gruft von großer kirchengeschichtlicher Bedeutung. Daneben liegt das Cubiculum der hl. Cäcilie, deren Gebeine im 9. Jh. in die nach ihr benannte Kirche überführt wurden (s. S. 157). Die Calixtus-Katakombe birgt einige der frühesten christlichen Gräber mit zugehörigen Malereien. Hervorzuheben ist die Lucina-Gruft (um 220) mit Darstellungen des *Guten Hirten* und der *Orans* (betende Frau) als Sinnbild der um Rettung flehenden Menschheit. Die Katakombe wuchs im Verlauf des 3. und 4. Jh.s stark an. Das Stollensystem umfasst knapp 10 km und etwa 170 000 Bestattungen. Es wurde 1857 wiederentdeckt. ◆

Die **Domitilla-Katakombe** (Via delle Sette Chiese 282) entstand Ende des 1. Jh.s als Stiftung der Flavia Domitilla, einer Enkelin Kaiser Vespasians. Die Anlage zeigt exemplarisch die Entwicklung stadtrömischer Grabkultur vom 1.–4. Jh. Kern ist ein oberirdisches Kolumbarium mit Urnenbestattungen und einer in den angrenzenden Hügel hineingebauten Galerie für Sarkophage. In der 2. Hälfte des 2. Jh.s wandelte sich die Anlage hin zu einer rein christlich geprägten Katakombe, die im späten 4. Jh. aus Platzmangel aufgegeben wurde (damals war sie der größte Katakombenkomplex Roms). Zahlreiche gut erhaltene Fresken gestatten einen Einblick in die frühchristliche Bildsymbolik. Häufig sehen wir: den Fisch, dessen griechische Bezeichnung *ichthys* die Anfangsbuchstaben für die Worte ***I**esos **Ch**ristos **th**eou* (»Gottes«) ***hy**ios* (»Sohn«) ***s**oter* (»Erlöser«) sind; das Lamm als Symbol für den Opfertod; den Anker als Sinnbild von Zuversicht; und die Taube als Friedenssymbol. Vor dem Eingang der Katakombe findet sich die ursprünglich halb unterirdische **Säulenbasilika der hl. Nereus und Achilleus** (spätes 4. Jh.; 1874 wiederentdeckt): Im Cubiculum hinter der Apsis zeigt ein Fresko die hl. Petronella, die als Tochter des hl. Paulus verehrt wurde.

S. Sebastiano fuori le Mura (Via Appia Antica 136) besteht aus einer Basilika, oberirdischen Grabmonumenten, einer unterirdischen Katakombe, in der die Gebeine des von Pfeilen durchbohrten hl. Sebastian lagen, und einem Kloster. Die dreischiffige Umgangsbasilika (um 340) mit 73 m langem Mittelschiff ist eine der sieben römischen Pilgerkirchen. Der Bau weist Parallelen zur etwas früheren Kirche SS. Marcellino e Pietro a Tor Pignattara auf. Er erhebt sich, laut einer Schrifttafel des 4. Jh.s an der Eingangswand, an dem Ort, an dem die Christen Gedächtnisfeiern für Verstorbene abhielten und wo der Legende nach Petrus und Paulus in einem Haus wohnten. Im Innern der Kirche werden zahlreiche Reliquien präsentiert,

Arkosolgrab mit Fresko (*Christus lehrend mit den Aposteln*, 3. Jh.)

darunter ein Fußabdruck Christi. Im 4. Jh. wurden am Südseitenschiff Mausoleen angebaut, z. B. die sog. **Platonia**, die lange Zeit als Grablege der Apostel Petrus und Paulus galt. Zwei Kapellen sind erwähnenswert: am Apsisscheitel die hochmittelalterliche **Cappella di Onorio**, die Papst Honorius III. 1216–27 anlegen ließ, und die **Cappella Albani**, für Papst Clemens XI. als reich dekorierter, dem hl. Fabian geweihter Kuppelraum erbaut (Carlo Fontana, 1706–12). Über das rechte Seitenschiff sind die unterirdische Katakombe und drei oberirdische antike **Grabhäuser** des 1. Jh.s aus Ziegel zugänglich. Sie waren ursprünglich als Kolumbarien gedacht, wurden aber später für Körperbestattungen umgebaut und in christlichem Kontext wiederverwendet. Das Grab des Clodius Hermes (3. Jh.) weist bedeutende Wandmalereien christlichen Inhalts auf, das benachbarte Haus (2. Jh.) ein Ichthys-Graffito, das dritte eine reiche, ornamentale Stuckdekoration. Zugehörig waren ein Hof und zwei Portiken für das Totengedenken. Die **Katakombe** erstreckt sich über vier Geschosse. Mittelpunkt ist die Krypta mit den Gebeinen des hl. Sebastian und einer Bernini zugeschriebenen Büste des Heiligen auf einem Säulenfragment.

Gut 100 m weiter erheben sich in einem weiten, einst von überwölbten Hallen umgebenen Hof die Trümmer des gewaltigen **Grabmals des Romulus**, eines 309 gestorbenen Sohns des Maxentius. Unmittelbar im Anschluss daran erstrecken sich die Reste der **Palastresidenz** des Maxentius: Er residierte dort bis zu seiner Niederlage an der Milvischen Brücke (312). Erhalten ist der 80 m breite und 480 m lange **Circus**, ein im spätantiken Palastbau gängiges Architekturelement für repräsentative Aufmärsche. Womöglich veranstaltete der Kaiser hier aber auch Wagenrennen für seinen Hofstaat. Reste von *spina*, Zuschauertribünen und -logen sowie Startboxen sind erhalten.

Die Ruine des Rundbaus der **Caecilia Metella** (Km 3) ist das eindrucksvollste über der Erde erhaltene Grabdenkmal an der Via Appia. Der Inschrift zufolge war Caecilia Metella hier bestattet, eine Tochter des Quintus Caecilius Metellus Creticus, der 69 v. Chr. Kreta für Rom eroberte. Der Rundbau von 20 m Durchmesser ist mit Travertin verkleidet und hat einen umlaufenden Fries, der Stierschädel mit Girlanden zeigt. Im 11. Jh. wurde er militärisch genutzt, 1299 in eine Burg der ghibellinischen Caetani integriert und um einen geziegelten Aufsatz mit Zinnen ergänzt. Der ursprünglich hier verwahrte Sarkophag der Caecilia Metella steht heute im Hof des Palazzo Farnese. Die **Caetani-Burg** erstreckte sich von hier etwa 200 m südlich und blockierte die Via Appia an dieser Stelle.

Das antike Grabdenkmal **Torre Capo di Bove** (Via Appia

Antica 222) war für die 1855 durchgeführte Vermessung Italiens ein wichtiger geodätischer Bezugspunkt.

Zwischen Km 4 und 5 finden sich weitere bedeutende Gräber direkt neben der Straße: östlich das **Grab des Marcus Sevillis** (sog. Senecagrab) und das **Grab der Söhne des Sextus Pompeius** (sog. Grab des hl. Urban), eines Feldherrn aus dem 1. Jh. v. Chr. Bis zu Km 6 gibt es starke Zerstörungen in der antiken Bausubstanz; vermutlich lag hier das feste Lager der Goten bei der Belagerung Roms durch Belisar (536). Ein **Pyramidengrab** (nach Km 6) markiert den Beginn einer **Villenanlage** der Brüder Maximus und Condinus Quintilius (180–192). Die Ziegelruinen sind Überbleibsel eines Nymphäums, eines Wasserreservoirs und eines Hippodroms (Pferderennbahn), also gängiger Bestandteile der der Muße gewidmeten römischen Villenkultur.

Via Ostiense (s. Übersichtskarte): Hier findet sich zunächst das **Museo Montemartini** (siehe S. 191) und bald darauf **S. Paolo fuori le Mura** (Piazzale S. Paolo 1) – eine der vier Patriarchalbasiliken und eine der sieben Pilgerkirchen der Stadt. Die Basilika liegt an der Stelle der vermeintlichen Grablegung des Apostels Paulus. In konstantinischer Zeit erhob sich hier ein kleiner Gedenkbau. Dieser wurde unter Kaiser Valentinian II. 386 abgerissen und durch eine an Alt-St. Peter orientierte, fünfschiffige Basilika ersetzt – bis zum Neubau von St. Peter die größte Kirche Roms. Sie brannte 1823 nahezu vollständig ab; das heutige Bild zeigt die Rekonstruktion (1854) von Luigi Poletti. Insbesondere die Dekoration (Fresken, Mosaiken) ist fast verloren und durch Kopien des 19. Jh.s ersetzt, der Raumeindruck ist jedoch authentisch. Ein vorgelagertes Atrium wird von korinthischen Granitsäulen umfangen. Das fünfschiffige Haupthaus hat dementsprechend fünf Zugänge, das Portal rechts des Mittelportals gilt als Heilige Tür, die nur in Jubeljahren geöffnet wird. Sie zeigt außen Petrus- und Paulus-Szenen

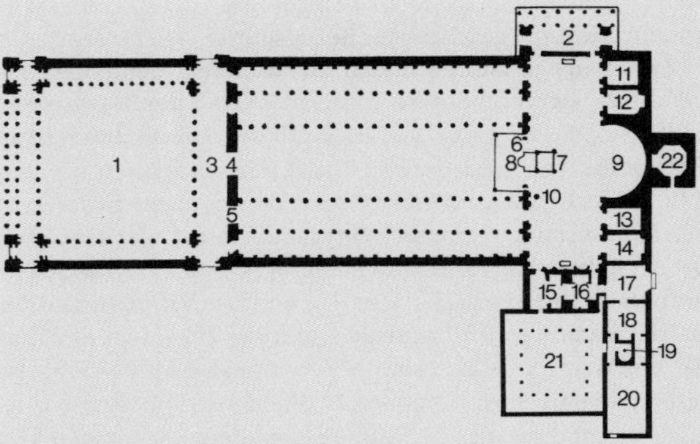

S. Paolo fuori le Mura, Grundriss

1 Quadriportikus, Atrium
2 Nordportikus
3 Westfassade
4 Mittelportal
5 Porta Santa
6 Triumphbogen
7 Altarziborium
8 Confessio
9 Apsismosaik
10 Osterleuchter
11 Cappella S. Stefano
12 Cappella del SS. Sacramento
13 Cappella S. Lorenzo
14 Cappella S. Benedetto
15 Sala del Martirologio, Oratorio S. Giuliano
16 Baptisterium
17 Sala Gregoriana
18 Sakristei
19 Cappella delle Reliquie
20 Pinakothek
21 Kreuzgang
22 Campanile

(Andrea Mariani, 1930), innen eingesetzt ist das ziselierte, mit Silbereinlagen versehene bronzene Hauptportal (Staurachios aus Chios, 1070, Konstantinopel) mit Heiligen und Szenen aus dem Neuen Testament. Das Langhaus ist 131 m lang, 65 m breit und 29 m hoch; seine Schiffe werden durch vier Reihen von je 20 korinthischen Granitsäulen getrennt (Spolien antiker Bauten). Nicht authentisch ist die Dunkelheit im Inneren. Der einstmals offene Dachstuhl wurde durch eine reich dekorierte Holzdecke ersetzt, die Hochfenster der inneren Seitenschiffe wurden verschlossen und die Fenster der äußeren Seitenschiffe mit Alabasterscheiben ›verglast‹. Das Mittelschiff endet im Triumphbogen, der durch das Querschiff zur Apsis hinführt. Hier haben Reste der originalen Mosaiken (440–450) den Brand überstanden. Mittelpunkt der Kirche sind die Confessio mit den vermeintlichen Gebeinen des Paulus und das Altarziborium mit vier Porphyrsäulen (Arnolfo di Cambio, 1285). Rechts davon steht der größte und am reichhaltigsten bebilderte Osterleuchter Roms (12. Jh). Rechts und links der Apsis sind je zwei Kapellen museal mit originalen Ausstattungsgegenständen eingerichtet. Rechts schließt sich ein reich ausgeschmückter **Kreuzgang** (1205–40) an. Er zeigt das gesamte Spektrum der Marmorkunst dieser Zeit: Zu beachten sind insbesondere die geschraubten, gedrechselten oder geflochtenen Doppelsäulen, die die Arkaden tragen. An der Ostseite öffnet sich eine Raumflucht aus Sakristei, einer kleinen Kapelle mit Reliquien und einer Pinakothek (mit Resten der originalen Kirchenausstattung).

EUR (Zufahrt über die Via Cristoforo Colombo): Das ursprünglich »E 42« genannte Stadtviertel war als repräsentativer Ort für die Weltausstellung Esposizione Universale di Roma (EUR) von 1942 gedacht. Es sollten hier ab den späten 1930er Jahren keine temporären Pavillonarchitekturen, sondern monumentale Bauten entstehen, die das neue Viertel zu einem modernen urbanistischen Gegenpol zum ›alten‹, päpstlichen Vatikan machen sollten. Kriegsbedingt wurde die Ausstellung nicht realisiert, das Viertel wurde erst in den 1950er Jahren als Handelszentrum fertiggestellt; heute ist es gesuchtes Wohnquartier. Originaler Baubestand der 1940er Jahre findet sich im Osten. Der **Palazzo della Civiltà del Lavoro** (Quadrato della

Palazzo della Civiltà del Lavoro

Concordia 3) wurde 1939 von einem römischen Architektentrio erbaut: Der 68 m hohe Quader mit sechs Stockwerken öffnet sich in 216 Rundbogenarkaden, in denen Standbilder platziert werden sollten, die Italiens Leistungen vorstellen. Die antikisierende Architektur mit ihrem an Schaufassaden erinnernden Charakter und der großen Platzanlage wurde in den 1950er Jahren gern als Kulisse für italienische Antikefilme genutzt. Ein massiger Baukörper birgt das **Museo della Civiltà Romana** (Piazza Giovanni Agnelli 10), ein von Anfang an hier vorgesehenes Konzeptmuseum (siehe S. 193). Der **Palazzo dello Sport** (Piazzale dello Sport 1), ein 20 000 Personen fassender Rundbau (Pier Luigi Nervi, 1958–60), wurde für die Olympischen Spiele 1960 errichtet. Um die kreisförmige Arena erheben sich die Zuschauerränge, deren unterste Reihen in den Boden eingetieft sind; über eine umlaufende Galerie gelangt der Besucher zu seinem Rang. Die sphärische Kuppel mit knapp 50 m Durchmesser und lichtdurchfluteter Laterne gehören zu den spektakulärsten und kühnsten Konstruktionen des Betonbaus.

Der Osten

Rund um die Via Tiburtina (s. Übersichtskarte): Zunächst erstreckt sich jenseits der Stazione Termini die **Città Universitaria** (**Sapienza**, Piazzale Aldo Moro 5). Die an der Avantgarde interessierte faschistische Architektur Italiens bildete drei rivalisierende Stile aus, die erst in den 1940er Jahren zu einer Staatsarchitektur zusammengeführt wurden. Der ›Razionalismo‹ der ›Gruppo Sette‹ um Giuseppe Terragni (Como) verband theoretisch fundiert antike Baukonzepte mit Formen der Moderne. Im Klassizismus verwurzelt war das ›Novecento‹ mit moderat modern konturierten Gebäudevolumen (u. a. vertreten durch den Loos-Schüler Giuseppe de Finetti, Mailand). Die im römischen Akademismus verwurzelte Architektur der ›Scuola Roma‹ unter Marcello Piacentini und Enrico del Debbio (Rom) erinnert mit ihren hierarchisch organisierten großen Bauvolumen am ehesten an die ›Beherrschungsarchitektur‹ der Nationalsozialisten. Die Gesamtplanung des Universitätskomplexes (1933–35) lag in Händen von Piacentini, der viele Teilbauten an Kollegen, auch aus dem ›Novecento‹ und dem ›Razionalismo‹, übertrug. Neben Travertin trat hier Beton in Gerüstbauweise in Erscheinung; die Metallprofile sind in dem damals neu entwickelten Werkstoff ›Anticorodal‹ gefertigt. Zentrum der Anlage ist das abweisend wirkende Rektoratsgebäude mit hochstrebendem Portal, schmalen Fenstern und umlaufender Inschrift in der Attikazone. Sehenswert ist das Physikinstitut von Giuseppe Pagano mit Bauhaus-Anklängen und das Institut für Botanik mit großen Glasflächen (Giuseppe Caponi). Piacentinis Architekturkomplex galt in den 1930er Jahren in Italien teils als ›unitalienisch‹.

S. Lorenzo fuori le Mura (Piazzale del Verano 3) ist eine der sieben Pilgerkirchen Roms. Der hl. Laurentius erlitt der Legende nach 285 den Märtyrertod und wurde hier bestattet, wie auch der hl. Stephanus. Beide sind die römischen Stadtpatrone, was der Kirche besondere Bedeutung verleiht. Eine im 6. Jh. verfallene konstantinische dreischiffige Basilika mit Umgang (99 × 36 m) wurde unter Pelagius II. (Papst 579–590) durch eine kleinere Emporenbasilika ersetzt; sie bildet, um 25 m direkt über das Grab des hl. Laurentius versetzt, den Chor der heutigen Kirche. Der Laurentiuskirche unmittelbar benachbart war eine basilikale Marienkirche (wohl Mitte 5. Jh.); im frühen 13. Jh. wurde sie als Langhaus miteinbezogen. Neugestaltungen im 15., 17. und 19. Jh. haben den eklektischen Charakter der Architektur verwischt. Die Vorhalle weist eine Stirnwand mit Fresken des 12./13. Jh.s auf, die Szenen aus dem Leben der hll. Laurentius und Stephanus zeigen. Sie birgt sechs Säulen mit Spiralkanneluren und einige antike Sarkophage. Das Innere ist vom überhöhten Hauptschiff des Langhauses geprägt, das wie die schmalen Seitenschiffe von einem offenen Dachstuhl gedeckt ist. Es führt auf den tief herabhängenden Triumphbogen zu, der reich mit Mosaiken des 6. Jh.s geschmückt ist (Christus als Herrscher zwischen Petrus und Paulus, gerahmt von Laurentius und Stephanus). Die Nahtstelle der beiden Bauten ist durch die unterschiedlichen Bodenniveaus beidseits des Triumphbogens sichtbar, wo Treppen auf das originale Bodenniveau des Pelagius-Baus hinabführen. Die drei zum Chor gewandelten Schiffe des Pelagius-Baus werden durch antike korinthische Säulen mit Kompositkapitellen voneinander getrennt – wegen der Niveauerhöhung sind sie zu knapp einem Drittel in den Fußboden (Cosmatenarbeit des 12. Jh.s) integriert. Bedeutende Ausstattungsstücke sind das marmorne Ziborium (12. Jh.), der Bischofsthron, zwei Marmorambonen im Mittelschiff, darunter die prachtvolle Epistelkanzel, ein Osterleuchter und das prunkvolle Hochgrab des Kardinals Fieschi (alles 13. Jh.).

Der angrenzende, 1835 in beinahe antiker Art vor der Stadt angelegte **Campo Verano** ist der zentrale Friedhof Roms. Mit seinen sehenswerten Mausoleen spiegelt er die soziale Struktur der Stadt sowie die Zeitstile von Architektur und Skulptur wider. Prachtvolle Familiengräber wechseln sich ab mit schlichten Häusern oder Mauerzeilen, in denen hinter Gedenkplatten Urnen in das vielstöckige Kolumbarium eingeschoben sind.

Via Nomentana (s. Übersichtskarte): Entlang der Straße reihten sich in der Antike unzählige, heute durch Überbauung verlorene Grabanlagen. An der 1561 von Michelangelo repräsentativ umgebauten **Porta Pia** (Piazzale di Porta Pia) hatte die Mauer ein letztes Mal eine Kriegsfunktion: 1870 brachen Truppen Cavours mit über 800 Kanonenschüssen eine Bresche und eroberten Rom und den Vatikan; das **Museo Storico dei Bersaglieri** (Porta Pia) erinnert an dieses bedeutsame Geschehen.

Die **Villa Torlonia** (Via Nomentana 70), ca. 13 ha groß und mit dem neoklassizistischen Palazzo (Giuseppe Valadier, 1806–29) einst Privatresidenz Mussolinis, wurde 1978 von der Stadt Rom angekauft, 2006 restauriert und der Öffentlichkeit zugänglich gemacht. Gezeigt wird Glaskunst des Jugendstils und der Klassischen Moderne.

S. Agnese fuori le Mura (Via Nomentana 349, Eingang in

der Via S. Agnese) wurde 337–351 in abwechselnden Ziegel- und Tufflagen erbaut. Die Seitenschiffe der 98 m langen und 40 m breiten Umgangsbasilika führen in einem weiten Bogen um das halbrund abschließende Mittelschiff herum und erlaubten der Gemeinde eine direkte Teilnahme am Gottesdienst. Die Kirche wurde 1954 ausgegraben und restauriert. Um 630 wurde neben der konstantinischen Basilika eine **nachjustinianische Basilika** erbaut: Der dreischiffige kleine Bau über dem Grab der Agnes greift den Typus der Emporenbasilika auf, der in der östlich geprägten Form der Liturgie wurzelt. Je acht antike Säulen tragen die Arkadenbögen und trennen das schmale Mittelschiff mit großen Obergadenfenstern von den Seitenschiffen. Über das linke Seitenschiff erreicht man die **Katakombe der hl. Agnes** mit Grablegen aus dem 3. und 4. Jh.

S. Costanza (Via Nomentana 349) ist im Kern ein antikes Grabmonument (um 350) und gilt als der prächtigste überkuppelte Rundbau der antik-römischen Grabarchitektur. Er diente als Grabstätte der Töchter Kaiser Konstantins, Constantina und Helena, wurde im 6. Jh. zu einem Baptisterium für S. Agnese umfunktioniert und seit 1254 als Kirche für die 354 verstorbene hl. Constantina genutzt. 1620 wurden im Rahmen einer Barockisierung die Mosaiken und Fresken entfernt; 1938/39 wurde der ältere Zustand rekonstruiert. Der Grundriss besteht aus drei konzentrischen Kreisen; der innere Tambour erhebt sich auf zwölf Säulenpaaren, der mittlere bildet den Mauerkern (innen reich mit Nischen gegliedert), der dritte eine nach außen offene Halle. Ein langrechteckiger Vorbau formt den Eingang. Die kühne Durchfensterung im Obergaden gibt dem Raum viel Licht. Die Mosaiken (meist nach Zeichnungen in der Mussolinizeit rekonstruiert) zeigen neben christlichen Szenen in den Apsiden besonders in der Kuppel auch profane Themen der Spätantike.

Wie ein Segelschiff: die Chiesa di Dio Padre Misericordioso

Zwischen Via Prenestina und Via Casilina: Weiter außerhalb liegen drei bemerkenswerte moderne Kirchenbauten und ein frühchristlicher Komplex. Die spektakuläre **Chiesa di Dio Padre Misericordioso** (Piazza Largo Terzo Millennio 8) gibt einer gesichtslosen Schlafstadt einen bemerkenswerten Akzent. Sie wurde 1996–2003 nach Plänen des amerikanischen

Stararchitekten Richard Meier erbaut. Das Gebäude zeichnet sich v. a. durch die abstrahierte Form eines Schiffes mit drei Segeln aus, welche den Innenraum gliedern. Glasfassaden verbinden diese ›Segel‹, so dass man praktisch durch die Kirche hindurchschauen kann. Der Innenraum ist indirekt beleuchtet, nur zur Sommersonnenwende, am Nachmittag des 21. Juni, trifft ein Strahl ein kleines Fenster und wirft den Schatten eines Kreuzes auf den Boden.

Die **Chiesa di Nostra Signora del Suffragio e di S. Agostino di Canterbury** (Via Walter Tobagi 133) wurde von Francesco und Carlo Berarducci entworfen und in den 1990er Jahren realisiert. Sie zeichnet sich v. a. durch ihre Form aus, die deutlich an mittelalterliche Burgen erinnert. Der Doppelname rührt von der Zusammenlegung zweier Kirchengemeinden im Rahmen eines städtebaulichen Aufwertungsprogrammes für das einst illegal erbaute Stadtviertel her. Auch architektonisch ist diese Doppelnutzung deutlich akzentuiert: Von außen sieht das Bauwerk aus, als wäre es gewöhnlich dreischiffig angelegt, doch im Innern meint man, die beiden Seitenschiffe wären separate Bauten, zwischen denen das Hauptschiff vermittelt.

S. Maria Madre del Redentore (Viale Duilio Cambellotti 18) wurde 1977 nach Plänen von Pier Luigi Spadolini und Riccardo Moranti gebaut. Die imposante, von außen an die Gestalt einer Orgel erinnernde Sichtbetonstruktur beherbergt einen beeindruckenden Kirchensaal und eine kleine Kapelle. Altar, Kreuz, Taufbecken und Bänke sind, von Mario Ceroli entworfen, komplett in Holz gehalten, was mit dem Betoncharakter des Bauwerks reizvoll kontrastiert.

SS. Marcellino e Pietro a Tor Pignattara (Via Casilina 643) ist ein aus drei Teilen bestehender Komplex. Kern ist eine **Katakombe** aus dem 3. Jh. für Opfer der großen Christenverfolgung. Unter Kaiser Konstantin wurde hier die älteste römische dreischiffige Pfeilerbasilika mit Umgang (um 320) errichtet, 65 m lang und 30 m breit. Sie wurde den hier bestatteten hll. Petrus Presbyter und Marcellinus geweiht. Das heute in Ruinen liegende Mausoleum für Konstantins Mutter Helena (gest. 328) war ein Rundbau von 20 m Durchmesser, der als Anbau an die Vorhalle der Kirche entstand; er wurde Tor Pignattara (»Topfturm«) genannt, wegen der Konstruktion des Gewölbes aus miteinander vermörtelten Tonamphoren (eine geläufige Technik in der Antike). Unter allen Katakomben Roms enthält sie die reichste Ausstattung mit Malerei – einen christologischen Bildzyklus: *Christus als Lehrer mit Aposteln*, die *Weisen aus dem Morgenland*, die *Taufe Christi* u. a.

Der Norden

Rund um die Via Flaminia (s. Übersichtskarte): Wichtigste Baumaßnahmen der Moderne in den nördlichen Bezirken waren die Errichtung der Sportstätten für die Olympiade von 1960 und des modernen Auditoriums. Zudem prägen große Villen und Parks diese Stadtlandschaft: Im frührepublikanischen Rom war es für Aristokraten üblich, neben dem repräsentativen Stadthaus (*domus*) für die Pflichten in Rom eine Villa weit außerhalb auf dem Land (*villa rustica*) als Grundlage des Lebensunterhalts oder in unmittelbarer Stadtnähe (*villa suburbana*) zu besitzen. Seit etwa 100 v. Chr. wurde die Villa zum Zentrum einer luxuriösen Mußekultur, die Landwirtschaft geriet zum Hobby. In Anlehnung daran wurden in der Renaissance seit dem 14. Jh. stadtnah zahlreiche Villen und Gartenanlagen erbaut, nun aber für rein repräsentative Zwecke ohne Landwirtschaft. Anders als in der ›großen‹ Architektur der Renaissance etablierte sich hier ein eigener, etwa von Andrea Palladio fast normativ ausformulierter Baustil, der im

Konzept nicht in der Antike wurzelt, wenngleich im Detail zahlreiche Rückgriffe auf antike Bauformen zu beobachten sind.

Die **Villa Borghese** (s. Übersichtskarte; Piazzale Napoleone I) erstreckt sich über eine 6 km^2 große Parklandschaft mit diversen Bauten, Denkmälern, einem künstlichen See und einem Jagdrevier. Kardinal Scipione Caffarelli Borghese erwarb das Land 1605. Von Beginn an war das zentrale Casino (frühes 17. Jh.) für die Kunstsammlung der Borghese (siehe Galleria Borghese, S. 185) geplant: Die aufwendig gegliederte Mittelfassade, erschlossen über eine doppelwangige Treppe, besteht im Untergeschoss aus Pfeilerarkaden mit Attika, die als Brüstung der Dachterrasse dient. Die Terrasse wird von zwei kompakten, zweistöckigen Seitenflügeln flankiert, die das viergeschossige Haupthaus symmetrisch rahmen. Die Substanz der Villa wurde bis in das 19. Jh. hinein verändert. Der Park, im 18. Jh. in einen englischen Landschaftsgarten umgestaltet, ist seit 1901 in städtischem Besitz. Unter den Anlagen ragen die filigranen Volieren, ein künstlich gestalteter Ruinentempel für Faustina und ein Tempel für Diana (beide um 1790), der Äskulaptempel, der Ehrenbogen am See und eine Pferderennbahn heraus. Bemerkenswert sind auch die an antik-griechischer Architektur orientierten klassizistischen Propyläen, die den Zugang am Piazzale Flaminio bilden (Luigi Canina, 1827–29). Der Bildhauer Pietro Canonica (1869–1959) bewohnte eines der im 17. Jh. errichteten Häuser; er ließ es zum mittelalterlichen Kastell umbauen; heute dient es als **Museo Canonica** dem Nachruhm seiner Werke (Viale P. P. Canonica). Im nördlichen Teil des Parks befindet sich seit 1911 der **Giardino Zoologico**. Ein Museum bietet gute Einblicke in die an Carl Hagenbecks Tierpark angelehnte Konzeption.

Die **Villa Giulia** (Piazzale di Villa Giulia 9) wurde unter Papst Julius III. erbaut (Giacomo Barozzi Vignola, 1551–53), ge-

Wie Skarabäen gruppieren sich die einzelnen Säle des Auditoriums um einen öffentlichen Platz.

mäß dem antiken Prototyp der *villa suburbana*. Der zweistöckige Bau ist aus einem rustizierten Untergeschoss und einem reich gegliederten Obergeschoss zusammengefügt. Zur Gartenseite hin öffnet er sich als große Exedra, die mit Pilastern und Rundnischen in beiden Geschossen aufgelockert ist. Ein halbkreisförmiges, doppelstöckiges Nymphäum korrespondiert mit der Gartenfront der Villa. 1889 wurde hier das Museo Nazionale Etrusco di Villa Giulia (S. 195) eingerichtet. Den dafür später notwendig gewordenen Anbauten (schmale Seitenflügel) der 1950er Jahre fielen die Innenausstattung und das Architekturkonzept der Villa zum Opfer.

Das **Auditorium** (Via Pietro de Coubertin 30) umfasst unterschiedlich große Gebäude mit Konzertsälen (Renzo Piano, 2002), die sich Skarabäen gleich um einen öffentlichen Platz gruppieren. Die Sala Santa Cecilia ist mit knapp 2800 Sitzplätzen der größte Saal seiner Art in Europa. Die anderen beiden Säle bieten 1200 bzw. 700 Besuchern Platz. Während des Baus wurden antike römische Anlagen freigelegt (Bauernhof und Villa). Ein Teil davon wurde in den umliegenden *Parco della Musica* integriert; ein kleines archäologisches Museum stellt interessante Details dazu vor.

Das **Stadio Flaminio** (**Stadio Nazionale PNF**, Viale Tiziano) gehört zu den für die Olympiade von 1960 errichteten Bauten (Luigi Nervi). Es fasst 50 000 Personen. Es handelt sich um eines der frühesten reinen Fuß- und Handballstadien, ohne eine das Spielfeld umgebende Laufbahn. Auf dem gedrungenen Grundriss erhebt sich ein aus Beton bestehendes, modern wirkendes Amphitheater. Unter den Seitentribünen sind verschiedene weitere Sportstätten untergebracht. Die Tribünen der Langseiten ragen höher auf als die der Schmalseiten, so dass die Stadionsilhouette bewegt wirkt.

Auch der **Palazzetto dello Sport** (Piazza Apollodoro 10) wurde für die Olympiade von 1960 errichtet. Er ist ein Meisterwerk der Betonarchitektur (Luigi Nervi, Annibale Vitellozzi, 1957/58). Die Hallenkuppel wird außen von 36 Y-förmigen Stützen getragen; die dahinterliegende Umfassungsmauer mit viel Glasfläche erlaubt eine natürliche Beleuchtung. Im Inneren ist die gut 59 m durchmessende Kuppel mit filigranen Rippen versehen, die dekorative und statische Funktion haben – sie dienen als Montageband für die Betonelemente und garantieren die Tragfähigkeit der Konstruktion. In den kreisrunden Grundriss ist ein rechteckiges Spielfeld integriert, das eine vielfältige Nutzung ermöglicht.

Das **Foro Italico** (Largo Giacomo Martino) war das erste faschistische Großbauprojekt (Enrico del Debbio, 1927–32) in Rom. Die Idee des antiken Gymnasiums wurde mit der monumentalen Sportanlage in die Moderne transferiert und teils in

Palazzetto dello Sport

die Olympiadestätten integriert. Herz des Foro ist das antikisierende **Stadio dei Marmi** (Viale dello Stadio dei Marmi) für 20 000 Personen, mit einem neuen, 18 m hohen Obelisken und umlaufendem Statuenschmuck. Die für die Akademie der Farnesina errichtete Sportanlage bot für das Körper- und Jugendideal der italienischen Faschisten einen optimalen Repräsentationsort.

Die Anlage der **Villa Madama** (Via di Villa Madama) wurde von Kardinal Giulio de' Medici initiiert und nach Plänen Raffaels 1518 begonnen. Nach dessen Tod 1520 wurde die Villa mit einigen Änderungen von Antonio da Sangallo d. J. und Giulio Romano vollendet. Margarethe von Parma residierte hier 1538–50. Die Baulichkeiten erstrecken sich über drei Terrassen: zuunterst Bauten für Dienstboten, darüber das Casino mit Festräumen, oben ein in den Hang integriertes Theater. Das Casino mit Innenhof öffnet sich über eine mit Fresken und Stuckaturen reich dekorierte Loggia, einst das erste Beispiel für die Groteskenmode, zum Garten. Die Villa diente als Lager, war im 19. Jh. verfallen und wurde 1913 von einem französischen Fabrikanten renoviert. Heute ist sie Sitz des italienischen Außenministeriums. Die Parkanlage zieren pittoreske Brunnen, u. a. der ›Elefantenkopfbrunnen‹ (Giovanni da Udine, 1514).

Via Salaria (s. Übersichtskarte): Das **Sulpiciusgrab** (Via Piave 71, II F1) des 1. Jh.s v. Chr. (mit späteren Bestattungen) weist u. a. das Grabrelief des legendären Dichtertalents Quintus Sulpicius auf, das den elfjährigen Knaben in Toga zeigt; in der ausgebreiteten Schriftrolle ist dasjenige Gedicht eingemeißelt, mit dem er 94 den dritten Kapitolinischen Dichterwettstreit gewann. Das Grab war später in einen Turm der Porta Salaria der Aurelianischen Mauer verbaut und wurde 1871 freigelegt.

Der Komplex der **Villa Albani** (Via Salaria 92) war für die Antikensammlung des Kardinals Alessandro Albani (1692–1779) bestimmt. Er besteht aus einem langgestreckten Haupthaus (1756), dessen zentraler doppelstöckiger Trakt höchst repräsentativ ausgeführt ist, und dahinter einer Gartenanlage, deren Abschluss ein mit dem Mittelflügel des Haupthauses korrespondierender, halbkreisförmiger Galeriebau (**Semicircolo**) ist, mit Anbau eines Kaffeehauses. Die Villa wurde 1866 vom Fürsten Torlonia erworben und befindet sich bis heute im Besitz von dessen Nachfolgern. Kern der Villa sind die **Galleria Albani** und die **Collezione Archeologica**: Unter Anleitung von Johann Joachim Winckelmann entstand hier seit 1758 die damals systematischste private Antikensammlung Roms; für diesen Neuansatz wurden 1733 zunächst die alten Sammlungsbestände verkauft (Kapitolinische Museen). Ein Teil der neuen Sammlung wurde 1798 von Napoleon nach Paris verbracht (Louvre). Überall in der Villa befinden sich Statuen, Sarkophage, Reliefs und Mosaiken, darunter Meisterwerke griechischer Plastik in römischer Kopie wie der sog. *Kapaneus Albani*, ein zusammenbrechender griechischer Krieger (Kopie eines Teils vom Schildrelief der *Athena Parthenos* von der Athener Akropolis) und ein Relief mit der Bestrafung der Niobe durch Artemis (Kopie einer Szene vom Thron des Zeus im großen Tempel von Olympia; wie auch die *Athena Parthenos* von Phidias, um 430 v. Chr.). Von herausragender Bedeutung sind die im Hauptraum präsentierten Wandgemälde der Tomba François, eines etruskischen Grabes aus Vulci. (Villa und Sammlung sind nur mit Sondergenehmigung zugänglich.)

Priscilla-Katakombe (Via Saralia 430): Kern ist der Begräbnisplatz der Familie der Acilii, ein überirdisches Gebäude mit einer Galerie zum Einstellen von Sarkophagen und einem Kultraum für Totenmahlzeiten (mit Ausmalung aus dem 2. Jh.). Benannt ist die Katakombe nach einer aus dieser Sippe stammenden Priscilla, die im späten 1. Jh. nach Übertritt zum Christentum hingerichtet wurde. Hier finden sich einige der ältesten christlichen Grablegen Roms neben zeitgleichen heidnischen Bestattungen. Im 2. Jh. erweitert, dehnten sich die Räume für Bestattungen im 3. und 4. Jh. über zwei Stockwerke aus. Besonders sehenswert ist die **Cappella Greca** genannte Galerie mit Fresken, die einen Höhepunkt der Katakombenmalerei darstellen. Zu sehen sind u. a. *Noah mit der Taube*, die *Drei Jünglinge im Feuerofen*, *Abrahams Opfer*, das *Quellwunder des Moses*, die *Auferweckung des Lazarus* und ein *Abendmahl.*

Museen

In keiner Stadt der Welt gibt es so viele Museen wie in Rom – hier wurde überhaupt erst das Museum erfunden: Die großen Sammlungen auf dem Kapitol und der Päpste waren der Nukleus, aus dem im 16. Jh. das öffentliche Präsentieren von Kunst erwuchs. Im Folgenden kann daher nur eine Auswahl der wichtigsten Museen präsentiert werden. Wenn bei antiker Plastik von römischen Kopien nach griechischen Originalen die Rede ist, muss zum Verständnis vorweggeschickt werden, dass die Römer die griechische Kultur als ideales Vorbild ansahen; als sie im 2. Jh. v. Chr. Griechenland eroberten, brachten sie Kunstwerke nach Rom und stellten sie öffentlich auf; von bedeutenderen Originalen (Bronze) wurden Kopien aus Marmor hergestellt; die Originale wurden meist im Mittelalter zu Waffen umgeschmolzen, die Marmorkopien blieben jedoch erhalten und prägen somit bis heute das Bild der griechischen Plastik.

Antiquario Forense (Piazza S. Maria Nova 53): Das Antiquarium des Forum Romanum ist im ehemaligen Kloster von S. Francesca Romana in der Südostecke des Forums (I D6/7) untergebracht. Der Bau wurde auf den Resten des hadrianischen Doppeltempels für Venus und Roma errichtet, vom Orden der Olivetaner erweitert und mit einer großen Bibliothek ausgestattet. 1873 wurde er Staatseigentum, 1900 Sitz der Ausgrabungsleitung von Forum Romanum und Palatin sowie der Raum für eine Präsentation von Funden vom Forum Romanum. Sie werden in neun Sälen in chronologischer Reihenfolge gezeigt: Die in den Sälen 1–4 präsentierten Funde aus der historisch bis heute wenig bekannten Frühgeschichte der Stadt sind bedeutend, darunter Grabfunde – sie zeigen, dass das Gebiet des Forum Romanum bis zur Zusammenlegung der einzelnen Siedlungskerne auf den Hügeln zu einer Stadt als Nekropole genutzt wurde.

Antiquario Palatino (Via di San Gregorio 30): Das kleine Antiquarium erhebt sich auf den Ruinen der Domus Flavia auf dem Palatin (I D7). Der Bau wurde 1868 als Nonnenkloster errichtet; in dem Areal hatte der Schotte Charles Mills um 1800 eine Villa angelegt, die um 1850 in den Besitz des Ordens der Heimsuchung Mariens gekommen war. 1906 wurde das Kloster verlassen, 1927 wurde es, bis auf den jetzt noch erhaltenen Trakt, im Zuge der großflächigen Ausgrabungen abgetragen. Gezeigt werden Funde der Palatingrabungen. Neben verschiedenen Skulpturen, Porträts und Reliefs sind v. a. die z. T. gut erhaltenen Wandmalereien sehenswert.

Collezione Archeologica: s. S. 182.

Collezione d'Arte Religiosa Moderna: s. S. 150.

Galleria Albani: s. S. 182.

Galleria Borghese (Piazzale Scipione Borghese 5): Das Casino Borghese (nach 1605; zum Bau siehe S. 87) war von Beginn an als Aufstellungsort für die umfangreiche Antikensammlung gedacht, die sich durch viele Funde auf den ausgedehnten Besitztümern der Borghese laufend vergrößerte. Die über 520 Stücke wurden zu Beginn des 19. Jh.s auf Anordnung Napoleons für 13 Mio. Francs nach Paris verkauft, wo sie den wohl wichtigsten Teil der Sammlungen des Louvre bilden. Unter Francesco Borghese wurde Mitte des 19. Jh.s durch Ausgrabungen v. a. in Tusculum ein neuer Grundstock für eine Antikensammlung gelegt; 1902 ging sie zusammen mit der weitaus bedeutenderen, weil komplett erhalten gebliebenen Gemäldesammlung in italienischen Staatsbesitz über. Alle Exponate sind heute im Casino vereint (früher diente es allein der Präsentation der Antiken, während die Gemälde im Palazzo Borghese verwahrt waren). Die Präsentation erstreckt sich über zwei Stockwerke. Im **Erdgeschoss** sind vornehmlich Plastiken ausgestellt, darunter: überlebensgroße mythologische Gruppen von Aeneas und Anchises, Apollon und Daphne und

Pluto mit Proserpina (Gian Lorenzo Bernini, alle frühe 1620er Jahre); eine Reiterstatue König Ludwigs XIV.; Bildnis der lasziv auf einem Bett gelagerten Paolina Borghese (Antonio Canova, 1805). Unter den zahlreichen antiken Denkmälern ragen im Salone die Kolossalstatue eines Satyrs sowie das in fünf Teilstücken in den Fußboden eingelassene, sehr detailreiche *Gladiatorenmosaik* hervor; in Saal V der Torso einer Nachbildung der *Athena Parthenos*, eines ursprünglich 12 m hohen Gold-Elfenbein-Bildes für den Parthenon auf der Akropolis von Athen (Phidias, um 430 v. Chr.); und in Saal VIII eine überlebensgroße Marsyasstatue, der sog. *Satyr Borghese*. Im **Obergeschoss** ist die Gemäldesammlung zu besichtigen, die im 17. Jh. zu den bedeutendsten Privatsammlungen Roms zählte. Hervorzuheben sind das *Porträt einer Unbekannten* von Antonello da Messina (1475), die *Grablegung* von Raffael (1507), Lorenzo Lottos *Madonna mit Kind* (1508), *Venus und Amor* von Lucas Cranach (1531), das *Abendmahl* von Jacopo Bessano (1542), eine *Pietà* von Rubens (1602), die *Dame mit Einhorn* von Raffael (1506), *Venus und Amor* von Tizian (1565) und mehrere Bilder von Caravaggio, darunter *David mit dem Kopf des Goliath* (1609).

Galleria Colonna: s. S. 72.

Galleria Doria Pamphili: s. S. 73.

Galleria Nazionale d'Arte Antica (u. a. Palazzo Barberini, II E3): 1883 veräußerte Tommaso Corsini den Palazzo Corsini sowie seine umfangreiche Bibliothek und die hauptsächlich im 18. Jh. entstandene Kunstsammlung mit über 600 Bildern an den Staat, zur Einrichtung der Accademia dei Lincei. Etwa zur gleichen Zeit fielen auch andere römische Sammlungsbestände durch Schenkung oder Verpfändung an den Staat, u. a. Bilder aus dem Besitz der Torlonia. All dies bildete den Grundstock für eine staatliche Pinakothek. Später kamen weitere Schenkungen dazu, u. a. die Sammlungen H. Hertz (1915), Chigi (1918) und Barberini (1952). 1949 wurde der Palazzo Barberini erworben, die Sammlung über beide Palazzi verteilt und das neue Museum in den Rang einer Galleria Nazionale erhoben. Die umfangreiche Graphiksammlung Tommaso Corsinis wurde in die dem Palazzo Corsini benachbarte Villa Farnesina ausgelagert (Cabinetto Nazionale delle Stampe, Via della Lungara 230), die geringen Bestände mittelalterlicher Kunst sind im Museum des Palazzo Venezia (II C5) und im Castel S. Angelo (Lungotevere Castello 50) zu sehen.

Galleria Nazionale d'Arte Moderna (Viale delle Belle Arti 131): Eine temporäre Ausstellung zeitgenössischer Kunst war 1883 der Anlass für den staatlichen Beschluss, systematisch Werke lebender Künstler zu erwerben. Der Palazzo delle Belle Arti wurde 1915 vollendet; der Erweiterungsbau (Luigi Cosenza, 1965–88) bietet Raum für Wechselausstellungen. Im linken Gebäudeteil werden Malerei und Plastik des 19. Jh.s präsentiert, darunter Klassizisten wie Canova, Historien- und Landschaftsmalerei und einige Werke französischer Maler (Cézanne, Degas, Monet) sowie von van Gogh. Der rechte Gebäudeteil enthält Malerei und Plastik des 20. Jh.s, mit Schwerpunkt auf italienischen Künstlern. Prägnante Phasen der italienischen Kunstgeschichte (Futurismus, Novecento) finden sich hier anschaulich präsentiert.

Galleria Spada: s. S. 68.

MACRO al Mattatoio: s. S. 192.

MAXXI: s. S. 194.

Mostra permanente della Communità Ebraica di Roma: s. S. 61.

Musei Capitolini (Piazza del Campidoglio 1, I C6): Die Kapitolinischen Museen sind mit ihrer weit bis in die Renaissance zurückreichenden Geschichte ein Meilenstein in der Entwicklung des europäischen Kunstmuseums. Begründet wurde die Sammlung 1471 unter Papst Sixtus IV. als Stiftung berühmter Bronzekunstwerke, die bis dahin im Lateran ver-

Kapitolinische Wölfin

wahrt worden waren: darunter die *Kapitolinische Wölfin*, der sog. *Camillus*, der berühmte *Dornauszieher* und die drei Fragmente einer kolossalen bronzenen Konstantinstatue. 1734 wurde unter Papst Clemens XII. im Palazzo Nuovo die erste öffentliche Museumspräsentation antiker Kunst eröffnet. Beim Erwerb von antiker Kunst bestand lange Zeit eine gewisse Rivalität zwischen den Kapitolinischen Museen und den Vatikanischen Sammlungen. Seit der Einigung Italiens 1860 und der zeitgleichen durch Ausgrabungen bedingten erheblichen Zunahme von Funden wuchsen die Kapitolinischen Sammlungen deutlich, denn als staatliches Museum war dies der natürliche Ort für die Verwahrung und Präsentation von Neufunden. Die Museen (Palazzo Nuovo, Palazzo dei Conservatori und Palazzo Caffarelli) bilden aufgrund der über Jahrhunderte gewachsenen Präsentation einen unübersichtlichen Komplex, der sich seit einigen Jahren vom eher altertümlichen Kunstmuseum zu einem modernen Ambiente für die Präsentation von Kunst und Kultur der römischen Antike wandelt, was zu Auslagerungen von Teilbeständen, Renovierungen und Erweiterungen der Museumsfläche auf dem Kapitol geführt hat (Einbeziehung des Palazzo Caffarelli, der Fundamente des Kapitolstempels und der Substruktionen des Tabulariums). Zunächst empfiehlt sich ein Besuch des **Untergeschosses**. Man erreicht einen Korridor, der in den 1930er Jahren als Verbindung zwischen Palazzo Nuovo und Palazzo dei Conservatori angelegt wurde; er dient heute als Lapidarium (Steingarten). Zu sehen sind zahlreiche historisch bedeutsame Inschriften sowie Reste antiker Hausfundamente. Von hier aus sind auch die Überreste des antiken Kapitolstempels und die Substruktionen des Tabulariums zugänglich. Das Erdgeschoss des **Palazzo Nuovo** zeigt in drei Räumen weniger bedeutsame antike Plastik (meist römische Porträts aus der Sammlung des Kardinals Albani, die einen wichtigen Teil der Museumsbestände bildet), im Hof u. a. den berühmten, lagernden Meergott *Oceanus*. Das Piano Nobile ist gespickt mit Meisterwerken antiker Kunst. In der Galerie ist die *Trunkene Alte*, eine hellenistische Genrefigur, von Bedeutung. In einem kleinen angrenzenden Raum ist das *Taubenmosaik* aus der Hadriansvilla in Tivoli der Mittelpunkt, ein weiterer Annexraum zeigt die *Kapitolinische Venus*, eine römische Kopie der berühmten Aphrodite aus einem Tempel auf Knidos (Praxiteles, 4. Jh. v. Chr.). Die repräsentative Raumflucht des Piano Nobile beginnt mit einem Saal, der Kaiserporträts gewidmet ist – eine der erlesensten Sammlungen dieser Gattung überhaupt. Es folgt ein Saal mit Bildnissen antiker Philosophen. Die große Halle präsentiert antike Plastik, darunter eine römische Kopie des sog. *Omphalos-Apoll*, dessen Original der griechische Bildhauer Kalamis um 480/470 v. Chr.

geschaffen hat. Berühmt ist auch die Statue der *Verwundeten Amazone*, ebenfalls eine römische Kopie nach griechischem Original, vom Kopisten Sosikles signiert. Plinius überliefert einen Bildhauerwettstreit zwischen den griechischen Meistern Phidias, Polyklet und Kresilas, die hierfür je eine Statue einer verwundeten Amazone gefertigt und in das Artemisheiligtum von Ephesos geweiht haben sollen; das Original dieser Kopie wird Polyklet zugeschrieben, eine Kopie der Phidias-Amazone findet sich gleich nebenan im Galliersaal. Der angrenzende Raum wird von dem *Faun* aus der Villa Hadriana beherrscht; an der Wand eine Bronzetafel mit einem Gesetzestext aus der Zeit des Kaisers Vespasian (reg. 69–79). Der abschließende Raum ist dem *Sterbenden Gallier* gewidmet: Dessen griechisches Original stand in Pergamon und feierte unter der Regentschaft des Königs Attalos I. die Siege der Pergamener gegen die in Kleinasien eingedrungenen Gallierstämme (um 220 v. Chr.). Diesem im Original mehrfigurigen Denkmal wohl zugehörig ist die Statuengruppe des sich selbst und seine Frau tötenden Galliers im Palazzo Altemps. Der **Palazzo dei Conservatori** fungiert seit 1876 als Erweiterungsbau des Museums. Im Innenhof finden sich u. a. die berühmten Fragmente einer marmornen Kolossalstatue des Kaisers Konstantin, die sich in der Maxentius-Basilika am Forum Romanum erhob (1486 geborgen). Im Treppenhaus sind u. a. drei großformatige Reliefs aus der Zeit Marc Aurels (reg. 161–180) präsentiert, wohl Teile eines Ehrenbogens (Pendants dazu sind als Spolien am Konstantinsbogen verbaut); ein viertes Relief ist älter und gehört in die Zeit Hadrians (reg. 117–138). Im 1. Stock dominiert die Marc-Aurel-Exedra, die das Reiterstandbild präsentiert, das bis in die 1970er Jahre auf dem Kapitolsplatz stand, ferner Fragmente der kolossalen Bronzestatue des Kaisers Konstantin (Kopf, Hand, Globus). Die angrenzenden Trakte sind der Sammlung Castellani sowie Funden aus antiken Garten- und Parkanlagen

Roms gewidmet. In den Haupträumen (›Konservatoren-Räume‹) sind einige der berühmtesten Antiken Roms schlechthin präsentiert: die bronzene *Wölfin* (die Zwillinge sind Zutat des 15. Jh.s), der sog. *Brutus*, ein etruskisch-römisches Bronzeporträt, der *Dornauszieher* und die *Consularfasten*, eine historische Chronik vom Forum Romanum. Im 2. Obergeschoss ist ein Münzkabinett zugänglich, das einen profunden Überblick über römische Numismatik bietet, ergänzt um Gemmen, Kameen und Schmuck. In den Trakten gegenüber ist die Pinacoteca Capitolina, eine Bildersammlung mit meist dem 17. Jh. zugehörigen Bildern (Tintoretto, Veronese, Caravaggio, da Cortona, Rubens u. a.), zu sehen. Dem Komplex der Kapitolinischen Museen zugehörig ist das **Museo Montemartini** (Viale Ostiense 106), eine der sehenswertesten Museumsneu-

Kunstarchäologie meets Industriearchäologie: im Museo Montemartini

gründungen der letzten Zeit. Das Elektrizitätswerk Montemartini war 1912–80 in Betrieb. Seit 1997 werden hier Bestände aus dem Magazin der Kapitolinischen Museen präsentiert, darunter die berühmten Giebelfiguren vom Tempel des Apollon Sosianus. In dem industriellen Ambiente begegnen sich Kunstarchäologie und Industriearchäologie (sehenswert ist der gut erhaltene Maschinenraum) auf spektakuläre Art.

Das **Museo d'Arte Contemporanea di Roma / MACRO** (Via Nizza 138), 1999 begründet, hat sich erst mit seinen Erweiterungen in jüngster Zeit einen internationalen Ruf als Museum für Zeitgenössische Kunst erworben. Es war zunächst in einer aufgelassenen Brauerei an der Via Reggio Emilia beheimatet und erhielt dort einen bemerkenswerten futuristischen Anbau (Odile Decq, 2007). Die Sammlung besteht aus Arbeiten italienischer moderner Künstler (etwa 1960 bis in die Gegenwart). Gezeigt werden Wechsel- und Dauerausstellungen mit Werken von Carla Accardi, Antonio Sanfilippo, Achille Perilli, Piero Dorazio, Leoncillo und Ettore Colla. Angeschlossen sind eine Bibliothek, ein Restaurant und Werkräume für Künstler. Eine Dependance des Museums für Happenings und Installationen ist seit 2003 das lebendige Kulturzentrum **MACRO al Mattatoio** (Piazza Orazio Giustiniani 4) im 1891 eingeweihten, heute stillgelegten Schlachthof Roms, der wegen seiner funktionalen Ästhetik gerühmt wird. Auch dieser Komplex wurde 2007 um einen Pavillon ergänzt, der die 14 000 m² große Ausstellungsfläche des Hauptgebäudes um über 5000 m² erweitert.

Museo Barracco (Corso V. Emanuele II 168, II A5): Das kleine, aber sehr sehenswerte Museum im Palazzetto Regis (Antonio da Sangallo d. J., 16. Jh.) existiert in dieser Form seit 1948. Es birgt die Sammlung, die der Abgeordnete und Senator Giovanni Barracco (1829–1914) unter sachkundiger Beratung über Jahrzehnte hinweg erwarb. 1902 der Stadt Rom vermacht, war sie in einem eigenen Bau untergebracht, der allerdings 1938 abgerissen wurde; dann war sie für ein Jahrzehnt in den Kapitolinischen Museen magaziniert. Zu sehen sind: hochrangige Werke der griechisch-römischen Skulptur, darunter ein Homer- und ein Periklesporträt, zwei römische Repliken des Kopfes des *Doryphoros* (Speerträger) nach dem Meisterwerk des griechischen Bildhauers Polyklet aus Argos (um 430 v. Chr.) und eine römische Replik vom Kopf einer Apollonstatue (sog. *Kasseler Apoll*, Phidias zugeschrieben, um 450 v. Chr.); einige Werke assyrischer Kunst (Reliefs des 7. Jh.s v. Chr.); sowie Gegenstände ägyptischer und etruskischer Provenienz. Angeschlossen sind zwei Bibliotheken für Archäologie und Kunstgeschichte.

Museo degli Strumenti Musicali (Piazza S. Croce in Gerusalemme 9a): Das weitläufige Museum verwahrt über 3000 Musikinstrumente, die einen profunden Überblick über die Entwicklung der Musikinstrumente von der Antike bis in die Zeit um 1900 ermöglichen. Es ist eines der größten Museen seiner Art; besonders bemerkenswert sind verschiedene, aufwendig dekorierte Spinette und Cembali aus dem 17. und 18. Jh. Auch für die antike Instrumentenkunde ist das Museum bedeutsam.

Museo dei Fori Imperiali: s. S. 57.

Museo del Risorgimento: s. S. 38.

Museo della Civiltà Romana (Piazza Giovanni Agnelli 10 – derzeit wegen Renovierung geschlossen): Die meisten Exponate wurden für die vielbeachtete Ausstellung ›Mostra Augustea della Romanità‹ über Augustus im Vorfeld von dessen 2000. Geburtstag im Jahr 1937 erstellt, im Rahmen der Errichtung der EUR. Die Schau war als Vermittlungspunkt zwischen der römischen Antike und dem faschistischen Staats- und Kulturverständnis konzipiert. Das Museum wurde 1952 eingerichtet. Noch heute zeigt es eindringlich, warum und auf welche

Art und Weise sich Mussolini seinem Volk als ›zweiter Augustus‹ präsentierte. Gezeigt werden keine Originale, sondern Abgüsse, Modelle und Rekonstruktionen. Aus ihnen entsteht ein lebendiges, klischeebeladenes Bild der römischen Antike, das dem entspricht, das Augustus zu Beginn seiner Regentschaft proklamierte und dem Mussolini nacheiferte: Betont wurde ewiger Frieden nach langem Krieg, der Beginn eines ›Goldenen Zeitalters‹ und die ›natürliche‹ Überlegenheit der Römer gegenüber den Barbaren. Man muss dieses Museum mit kritischem Blick durchwandern, denn die ursprüngliche Bedeutungsgeschichte ist in der kaum veränderten Ausstellung nur selten thematisiert. Herausragendes Exponat ist das riesige Modell der Stadt Rom zu Zeiten Kaiser Konstantins von dem Archäologen Italo Gismondi (1887–1974).

Museo della Via Ostiense: s. S. 124.

Museo delle Mura di Roma: s. S. 163.

Museo di Goethe (Via del Corso 18, II B2): In diesem Haus war Johann Wolfgang Goethe 1786/87 unter dem Pseudonym Filippo Möller Gast des im 1. Stock wohnenden deutschen Malers Johann Heinrich Wilhelm Tischbein. Es wurde schon bald als ›Casa Goethe‹ bezeichnet. Seit 1990 ist die 1. Etage Eigentum des Arbeitskreises selbständiger Kulturinstitute. Der deutsche Verein hat hier ein kleines, sehr sehenswertes Museum eingerichtet, das Goethes Aufenthalt in Rom anhand verschiedenster Dokumente plastisch darstellt und die kulturgeschichtliche Wirkung der *Italienischen Reise* auf die Zeitgenossen und die Nachwelt nachvollzieht.

Museo di Keats e Shelley: s. S. 95.

Museo di Palazzo Venezia: s. S. 64.

Museo di Roma: s. S. 78.

Museo Montemartini: s. S. 191.

Museo Nazionale delle Arti del XXI Secolo / MAXXI (Via Guido Reni 4a): Das 2010 vom Ministerium für Kulturgüter und -aktivitäten gegründete Museum für Gegenwartskunst ist als Stiftung organisiert. Es handelt sich um die erste nationale Institution, die als großer Campus der zeitgenössischen Kultur gewidmet ist und zwei Museen beherbergt: Das MAXXI Kunst und das MAXXI Architektur. Die Ausstellungen, Workshops, Kongresse, Aufführungen und Bildungsprojekte spiegeln die Funktion des MAXXI, das nicht nur ein Erhaltungs- und Ausstellungsort, sondern auch ein Laboratorium des Experimentierens, der kulturellen Innovation, des Studiums, der Forschung und der Produktion ästhetischer Inhalte unserer Zeit sein will. Die Sammlungen beider Museen werden sowohl durch den Ankauf von Werken als auch durch Auftragsprojekte, Wettbewerbe, Preisausschreiben für jüngere Generationen, Schenkungen und Überlassungen ergänzt. Sitz des MAXXI ist ein spektakulärer, preisgekrönter Bau von Zaha Hadid (s. Abb. vordere Umschlagklappe).

Museo Nazionale Etrusco di Villa Giulia (Piazzale Villa Giulia 9): Die Ausstellung wurde 1960 nach damals wegweisenden Gesichtspunkten der Museumspräsentation erstellt. Das Museum zeigt die mit Funden aus Latium und Umbrien seit dem späten 18. Jh. rapide angewachsenen etruskischen Sammlungen. Sie ist die vollständigste und aspektreichste Präsentation etruskischer Kunst und Kultur überhaupt und mit Recht im Rang eines Nationalmuseums. Fast alle hier präsentierten Gegenstände sind Grabfunde, gehören mehrheitlich in die Zeit des 7.–5. Jh.s v. Chr. und stammen aus den z. T. riesigen Nekropolen, die die Etrusker abseits ihrer Städte anlegten. Alle etruskischen Städte waren wegen ihrer strategisch idealen Lage auf hohen Plateaus durchgehend besiedelt; aufgrund der Überbauung wissen wir wenig über etruskische Architektur und Städtebau. Allein in den umfangreichen und prächtigen Grabfunden hat sich diese einst wegen ihrer weitgespannten Handelsaktivität und ihres Metallreichtums sehr wohlhabende

Kultur erhalten. Schwerpunkte sind die Funde aus Tarquinia, Cerveteri und Vulci sowie der Fundkomplex aus Pyrgi mit den berühmten Goldtafeln. Die Säle 19–23 zeigen die erworbene Privatsammlung Castellani. Zu wahrer Meisterschaft brachten es die Etrusker im Umgang mit gebranntem Ton, den sie wegen des Mangels an stabilem Stein auch in Architektur und Plastik verwendeten: Die gebrannten Tontafeln und Akroterfiguren vom First des Apollontempels von Veji sind Bauschmuck (Räume 7, 29–32). Auch aufwendig bemalte Sarkophage waren aus Ton hergestellt, wie z. B. der berühmte, aus über 400 Fragmenten wieder zusammengesetzte *Ehepaarsarkophag* (Raum 9), der rein repräsentative Funktion im Grabritual hatte, da die Etrusker ausschließlich Brandbestattungen vornahmen. Die Etrusker waren zudem Meister in der Metallverarbeitung. Es fanden sich zahlreiche Bronzegeräte wie Urnen, Spiegel und überreich mit Ritzdekor versehene Rundbehältnisse wie die *Ficoronische Ciste* mit Darstellung des Argonautenzuges (Raum 33) sowie Dreifußkessel, Trensen, Sattelbeschläge u. a. (Raum 11). Gold- und Silberschmuck wurden mit der von den Etruskern erfundenen Technik der Granulation gestaltet, bei der kleinste Goldkügelchen zu einem Ornament gelegt und auf Goldgrund so aufgeschweißt werden, dass sie nur an ihren jeweiligen Berührungspunkten miteinander verbunden sind. Zahlreiche Elfenbeinfunde wie Statuetten, Kämme und Schmuck sind Importe aus dem Vorderen Orient und belegen die intensiven Handelskontakte der Etrusker. Ein besonderer Schwerpunkt des Museums liegt auf antiken, meist griechischen Importvasen, die sich nirgendwo in gleicher Zahl und vergleichbarem Erhaltungszustand erhalten haben wie in den etruskischen Nekropolen. Ein historisch herausragendes Stück ist die kleine, protokorinthische Oinochoe, die sog. *Chigikanne* (Raum 15), mit dem ältesten bildlichen Beleg für die griechische Phalanx; diese Schlachtenreihe löste Ende des 7. Jh.s v. Chr.

den bis dahin üblichen Einzelkampf aristokratischer Protagonisten ab. Dass nicht alle Vasen Importe waren, zeigen zahlreiche etruskische Imitationen griechischer Keramik. Ebenfalls als Imitat zu verstehen, allerdings von Metallgefäßen, ist die schwarz glänzende, dünnwandige, und meist undekorierte etruskische Buccherokeramik. Einen guten Überblick über das Gesamtinventar etruskischer Gräber bieten die Funde der nahe Palestrina entdeckten Tomba Barberini und Tomba Bernardini: beides sehr reichhaltig ausgestattete Gräber aristokratischen Ursprungs (Raum 33).

Das **Museo Nazionale Preistorico-Etnografico ›Luigi Pigorini‹** (Piazza Guglielmo Marconi 14) ist nach dem Gründervater der italienischen Vorgeschichtsforschung, Luigi Pigorini (1842–1925) benannt, der dessen Einrichtung gegen viele Widerstände durchsetzte. 1963 zog das Museum aus dem Collegio Romano in der Altstadt zunächst in provisorische Räume in der EUR, 1977 dann an den heutigen Standort. Es präsentiert in zwei Abteilungen Funde aus Urgeschichte, Stein-, Bronze- und Eisenzeit, v. a. aus Tolfa, vom Quirinal und vom Esquilin, und ferner Funde aus der voretruskischen Villanovakultur. Der zweite Bereich gibt aus verschiedenen Privatsammlungen einen ethnologischen Überblick über indigene Kulturen Afrikas, Asiens, Mikronesiens sowie Mittel- und Südamerikas. Das Museum ist didaktisch gut angelegt und ermöglicht dem Besucher einen profunden Überblick über die Frühgeschichte Italiens und der Stadt Rom sowie einen Einblick in die weltweite ethnologische Forschung der italienischen Institutionen; darüber hinaus birgt es eine umfangreiche völkerkundliche Bibliothek.

Museo Nazionale Romano delle Terme (u. a. Viale Enrico de Nicola 79, II F3): In die Diokletiansthermen wurde zwischen dem 16. und dem 18. Jh. das Kartäuserkloster integriert, 1889 wurde in seinen Räumen das staatliche Thermenmuseum eingerichtet, mit griechisch-römischen Objekten von historischem und kunstgeschichtlichem Interesse aus Rom, Latium und angrenzenden Gebieten. Grundstock waren die Antikensammlung des Gelehrten Athanasius Kircher (heute im Palazzo Venezia), die 1901 erworbene Sammlung Ludovisi und bedeutende Funde der Zeit nach 1870, v. a. aus den umfangreichen Ausgrabungen 1920–40. Schon seit der Einrichtung des Museums erwiesen sich die Räumlichkeiten als zu klein. So wurden die Bestände in vier Komplexe geteilt, die an drei verschiedenen Orten präsentiert werden. In die originalen Ausstellungsräume in den Diokletiansthermen gelangt man über ein Gartenareal mit verschiedenen Grabstelen, Sarkophagen und Reliefs. Im Museumstrakt sind Funde aus dem römischen Alltagsleben ausgestellt: Keramik, Sarkophage, Werkzeuge, Waffen, diverse Grabbeigaben und die Reste der Dekoration eines Tempels aus der Zeit Marc Aurels (reg. 161–180). Die Ausstellung ist mit Karten und Schrifttafeln gut erläutert. Im Kreuzgang sind verschiedene Statuen, Mosaiken und Bauornamentik präsentiert, alles Funde aus Rom und der näheren Umgebung. In dem einstigen Hauptsaal des Museums ist heute die Inschriftensammlung untergebracht, u. a. die Bauinschrift der Diokletiansthermen aus dem Jahr 298. Ebenfalls im Bereich der antiken Thermenanlage liegt die **Aula Ottagona** (Via Giuseppe Romita 8), ein oktogonaler, überkuppelter Thermenraum, der lange Zeit als Planetarium diente. Zwei Hauptwerke des Museumsbestands werden hier präsentiert: die überlebensgroße Bronzestatue eines sich auf eine Lanze stützenden jungen Mannes, wohl ein hellenistischer Prinz (sog. *Thermenherrscher*, Benennung und Datierung umstritten); daneben die Bronzefigur eines sitzenden, ermattet sich ausruhenden Boxers, bei dem der Realismus der Darstellung überrascht (ein blutendes Auge, verquollene Ohren, ausgeschlagene Zähne, gebrochenes Nasenbein und mehrere Wunden am Körper sind in äußerster Akribie wiedergegeben; die sitzende Haltung mit der wie geschraubt wirkenden Kopfdrehung lässt offen, ob hier Beifall heischend ein Sieger oder Mitleid einfordernd ein Verlierer sitzt); beide Figuren wurden 1884 bei Fundamentierungsarbeiten für das Teatro Nazionale am Quirinal gefunden, das heute nicht mehr existiert; sie gehörten jedoch mit großer Sicherheit nicht in einen gemeinsamen Kontext. Umstanden werden die beiden Bronzen von zahlreichen Marmorstatuen an der Rückwand der Aula: römische Kopien nach griechischen Meisterwerken, die in den großen Thermen aufgestellt waren. 100 m südlich der Diokletiansthermen, im **Palazzo Massimo** (II F4) aus dem 19. Jh., sind große Teile des Skulpturenbestandes des Thermenmuseums untergebracht – im Erdgeschoss Porträts, die Münzsammlung (Raum 3) sowie bedeutende Skulpturen: der sog. *Feldherr von Tivoli* (Raum 1), eine nicht näher zugewiesene Porträtstatue eines Aristokraten aus der Zeit um 90 v. Chr.; eine Augustusstatue (der Kaiser hat die Toga über den Kopf gezogen und ist somit im Amt des Pontifex Maximus dargestellt; Raum 5); und eine von Apollons Pfeil getroffe hinsinkende *Tochter der Niobe,* die der rasende Gott in seinem Zorn tötet, die Kopie eines griechischen Meisterwerks der Zeit um 440 v. Chr. (7). Im 1. Stock findet sich neben einer Sammlung höchst qualitätvoller Kaiserporträts (Räume 1–4) eine Fülle von berühmten Skulpturen (Räume 5–10). Vom *Diskuswerfer* mit seiner komplizierten gedrehten Haltung (nach einem Meisterwerk des griechischen Bildhauers Myron, um 450 v. Chr.) werden gleich zwei Kopien präsentiert. Von gleicher kunstgeschichtlicher Bedeutung sind der *Apollon von Anzio* (wohl Kopie eines Originals von Praxiteles, spätes 4. Jh. v. Chr.) und die *Kauernde Aphrodite* aus der Villa Hadriana bei Tivoli. Die restlichen Säle zeigen u. a. eine kleine Auswahl prachtvoll reliefierter Sarkophage (die meisten aus dem 3. Jh.). Im 2. Stock werden Wandmalereien gezeigt, die einen guten

Eindruck von der Pracht luxuriöser Wohnräume in der Kaiserzeit geben, wie v. a. die Gartenlandschaft aus dem Triklinium der Villa der Livia (Frau des Augustus). Dieser Teil ist nur mit Führung zugänglich. Ein weiterer Sammlungsteil des Thermenmuseums wird heute im **Palazzo Altemps** (II A4) präsentiert. Gezeigt werden hier seit 1997 die Sammlung Mattei und, weitaus bedeutender, die Sammlung Ludovisi, von deren einst etwa 460 Exponaten durch Verkauf (1901) gut 100 Meisterwerke in den Besitz des italienischen Staates gelangten (v. a. antike Rund- und Reliefplastik). Zu den berühmtesten der ansprechend präsentierten Exponate zählt die Hermesstatue (sog. *Hermes Ludovisi*), eines der großen Charakterbilder olympischer Götter (römische Kopie nach einem griechischen Original, um 460 v. Chr.); eine Aresstatue (sog. *Ares Ludovisi*), von Bernini restauriert und auf ein griechisches Original zurückgehend (wohl Lysipp, spätes 4. Jh. v. Chr.). Besondere Beachtung verdient die überlebensgroße Gruppe eines Galliers, der zusammen mit seiner Frau Selbstmord begeht; diese Gruppe, ebenfalls eine römische Kopie nach einem griechischen Original, gehört zu dem gleichen Denkmal wie der *Sterbende Gallier* in den Kapitolinischen Museen, das den Sieg der Pergamener über die Gallier verherrlicht. Ein herausragendes Beispiel römischer Sarkophagkunst ist der sog. *Große Ludovisische Schlachtensarkophag* mit seinen komplizierten, vielfigurigen Reliefszenen (Mitte 3. Jh.). Prominentestes, aber umstrittenstes Stück der Sammlung ist der sog. *Ludovisische Thron*, ein an drei Seiten mit Reliefs geschmücktes Marmorwerk im Stil des mittleren 5. Jh.s v. Chr.; weil die Umstände der Auffindung im Jahr 1887 nicht vollkommen geklärt sind und Zweifel hinsichtlich Stil und Motivik der Reliefszenen bestehen, stand der *Ludovisische Thron* immer wieder unter Fälschungsverdacht. In einem weiteren Trakt wird die ägyptische Sammlung gezeigt – v. a. ägyptische Funde aus Heiligtümern in Rom und Latium.

Sehenswert ist eine Büste des Pharaos Amenemhat III. aus der XII. Dynastie (1842–1792 v. Chr.).

Museo Storico dei Bersaglieri: s. S. 173.

Palazzo Barberini (II E3): Die Ausstellung erstreckt sich über zwei Geschosse. Im Piano Nobile sind Bilder des 12.–17. Jh.s zu sehen. Neben dem umfangreichen Bestand italienischer Bilder, aus dem die des 17. Jh.s herausragen, sind Meisterwerke flämischer und deutscher Maler präsentiert: u. a. ein Bildnis Heinrichs des VIII. von Hans Holbein d. J. und das berühmte Porträt des Erasmus von Rotterdam von Quentin Metsys. Im 2. Obergeschoss finden sich Gemälde und Kunstgewerbe des 18. Jh.s versammelt, darunter Romveduten von Gaspar van Wittel und Venedigveduten von Canaletto. In den Räumen des Appartamento Settecentesco, die 1750–70 in schon klassizistisch angehauchtem Rokokostil ausgebaut wurden, ist Kunstgewerbe präsentiert: Möbel, Keramik, Porzellan, Schmuck u. a.

Thermenmuseum: s. S. 197.

Vatikanische Museen: s. S. 141.

Anhang

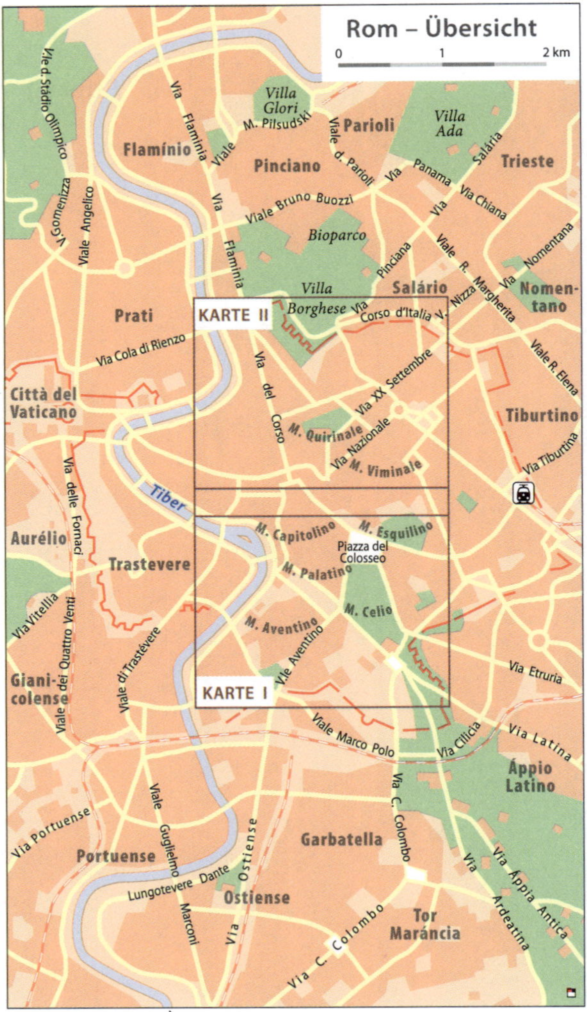
Rom – Übersicht
0
1
2 km
Villa Glori
M. Pilsudski
Parioli
Villa Ada
Trieste
Flamínio
Via Flaminia
Viale
Pinciano
Viale d. Parioli
Via Panama
Salária
Via Chiana
V.le d. Stádio Olimpico
V. Gomenizza
Viale Angelico
Viale Bruno Buozzi
Via Flaminia
Bioparco
Via
Viale R. Margherita
Via Nomentana
Pinciana
Villa Borghese
Salário
Nomentano
Prati
KARTE II
Via
Corso d'Italia
V. Nizza
Via Cola di Rienzo
Via del Corso
Via XX Settembre
Viale R. Elena
Città del Vaticano
M. Quirinale
Via Nazionale
Tiburtino
M. Viminale
Via Tiburtina
Via delle Fornaci
Tiber
M. Capitolino
M. Esquilino
Piazza del Colosseo
Aurélio
Trastevere
M. Palatino
M. Celio
Via Vitellia
Viale dei Quattro Venti
M. Aventino
Viale di Trastevere
V.le Aventino
Via Etruria
Gianicolense
KARTE I
Viale Marco Polo
Via Cilicia
Via Latina
Áppio Latino
Viale Guglielmo Marconi
Via C. Colombo
Via Portuense
Portuense
Via Ostiense
Garbatella
Via Ardeatina
Via Appia Antica
Lungotevere Dante
Ostiense
Tor Marância
Via C. Colombo

Weiterführende Informationen

Literatur

Arbeiter, Achim: Alt-St. Peter in Geschichte und Wissenschaft. Berlin 1988.
Batta, Ernst: Ägyptische Obelisken und ihre Geschichte in Rom. Frankfurt a. M. 1986.
Brandenburg, Hugo: Die frühchristlichen Kirchen Roms vom 4. bis 7. Jh. Regensburg [3]2013.
Bredekamp, Horst: St. Peter in Rom und das Prinzip der produktiven Zerstörung. Berlin 2000.
Coarelli, Filippo: Rom. Ein archäologischer Führer. Mainz 2000.
Cresti, Carlo / Rendina, Claudio: Die römischen Villen und Paläste. Köln 2005.
Fischer Pace, Ursula Verena: Kunstdenkmäler in Rom. 2 Bde. Darmstadt 1988.
Ganz, David: Barocke Bilderbauten. Erzählung, Illusion und Institution in römischen Kirchen 1580–1700. Petersberg 2003.
Gregorovius, Ferdinand: Geschichte der Stadt Rom im Mittelalter. 4 Bde. München 1988. [Erstausg. Stuttgart 1859–72.]
Günter, Roland / Reinink, Wessel: Rom – Spanische Treppe. Hamburg 1978.
Helbig, Wolfgang (Hrsg.): Führer durch die öffentlichen Sammlungen klassischer Altertümer in Rom. 4 Bde. 4. Aufl. Tübingen 1963–72. [In Teilen überholt.]
Reinhard, Volker / Sommer, Michael: Rom. Geschichte der Ewigen Stadt. Stuttgart 2008.
Richardson Jr., L.: A New Topographical Dictionary of Ancient Rome. Baltimore 1992.
Rosendorfer, Herbert: Kirchenführer Rom. Berlin [2]2000.
Schlimme, Hermann: Die Kirchenfassaden in Rom. ›Reliefierte Kirchenfronten‹ 1475–1765. Petersberg 1999.
Scriba, Friedemann: Augustus im Schwarzhemd? Die Mostra Augustea della Romanità in Rom 1937/38. Frankfurt a. M. 1995.
Stützer, Herbert Alexander: Frühchristliche Kunst in Rom. Köln 1991.

Tönnesmann, Andreas: Kleine Kunstgeschichte Roms. München 2002.
Zapperi, Roberto: Alle Wege führen nach Rom. Die Ewige Stadt und ihre Besucher. München 2013.

Internetseiten

Hinweise zu Öffnungszeiten: Museen und archäologische Stätten sind i. A. montags geschlossen; wann sie ansonsten ihre Tore öffnen, ist abhängig vom jeweilen halbjährlichen Etat und schwankt deshalb stark; der aktuelle Stand lässt sich über die folgenden Internetadressen jedoch verlässlich ermitteln. Kirchen sind am besten vormittags zu besichtigen und oft über Mittag geschlossen. Bei kleineren Kirchen ist eine Besichtigung unmittelbar nach der Messe ein Garant für ungehinderten Zugang.
Homepage der Comune di Roma: www.comune.roma.it
Veranstaltungskalender Zètema: www.zetema.it
Portal der kommunalen Sammlungen/Museen Roms: www.museiincomune.it
Homepage des Vatikans (mit Vatikanischen Museen): mv.vatican.va
Die christlichen Katakomben: www.catacombe.roma.it
Homepage der EUR S. p. A.: www.romaeur.it
Portal der Touristeninformation Rom: www.turismoroma.it
Programm des Auditoriums: www.auditorium.com
Portal für Theater und Oper: www.operaroma.it
Weiteres: www.kirke.hu-berlin.de/ressourc/roma.html; www.euxus.de/rom-links.html

Nachweis der Karten und Abbildungen

Adam Eastland Art + Architecture / Alamy Stock Foto: S. 181; Adam Eastland Rome / Alamy Stock Foto: S. 126; akg-images / André Held: S. 165; akg-images / De Agostini Picture Lib. / A. Dagli Orti: S. 97; Imago/Imagebroker: S. 49; Klaus Kühner, Hüttenwerke: Karten in den Umschlagklappen, S. 204; mauritius images / alamy / Ivan Vdovin: S. 56; mauritius images / alamy / Stephen Bisgrove: S. 175, 179; mauritius images / John Warburton-Lee / Ken Scicluna: S. 95; shutterstock.com / Aerial-motion: S. 79; Wikimedia Commons / Alberti 1492 / CC BY-SA 4.0: S. 170; Wikimedia Commons / Carole Raddato / CC BY 2.0: S. 191; Wikimedia Commons / CC-PD-Mark: S. 149; Wikimedia Commons / Jastrow 2006: S. 188; Wikimedia Commons / Jean-Pierre Dalbéra / CC BY 2.0: S. 70; Wikimedia Commons / Luciano Tronati / CC-BY-SA-4.0: S. 110; Wikimedia Commons / Stanislav Traykov / CC-BY-SA-3.0: S. 138

Register

Zum Autor

Christoph Höcker, 1957 in Kiel geboren, ist Klassischer Archäologe und freiberuflicher Sachbuchautor. Nach Studium und Promotion an der Universität Hamburg war er dort als wissenschaftlicher Mitarbeiter tätig. Er forscht zur antiken Architektur und zum Nachleben der Antike in Mittelalter und Neuzeit und nimmt Lehraufträge an zahlreichen Universitäten in Deutschland und der Schweiz wahr. Er war Mitherausgeber der Zeitschrift *Hephaistos* sowie des Lexikons *Der Neue Pauly* und (Co-)Autor zahlreicher Publikationen, darunter: *Die Akropolis von Athen* (1990), *Phidias* (1993), DuMont Kunstreiseführer *Griechisches Festland* (1996) und *Golf von Neapel und Kampanien* (1999), DuMont Schnellkurs *Antikes Rom* (1997), *Griechische Antike* (1999) und *Architektur* (2000), *Die Akropolis von Athen. Eine Kunst- und Kulturgeschichte* (2001), *Lexikon Antike Architektur* (2004, 2008), Reclams Städteführer *London* (2008, 2012).